NOUMENON

·

Jeff Foster

Übersetzung Daniel Herbst

Eine aussergewöhnliche Abwesenheit

Befreiung inmitten
eines sehr gewöhnlichen Lebens

Titel der Originalausgabe:
© Jeff Foster
An extraordinary absence
erschienen bei:
© NON-DUALITY PRESS, Salisbury, U.K.

Jeff Foster | Coverfoto: © Werner Hinniger
Eine außergewöhnliche | Umschlaggestaltung: Asta*art*
Abwesenheit | Korrektur: Ingrid Paproth
© NOUMENON-VERLAG | Druck: CPI books
Daniel Herbst, Hamburg | Ebner & Spiegel, Ulm
www.noumenon-verlag.de | Gedruckt in Deutschland

Deutsche Erstausgabe
1. Auflage 2010
ISBN 978-3-941973-06-0

INHALTSVERZEICHNIS

Wenn du dich nur einmal loswerden könntest,
würde sich dir das Geheimnis aller Geheimnisse eröffnen.
Das Angesicht des Unbekannten,
versteckt jenseits des Universums,
würde auf dem Spiegel deiner Wahrnehmung erscheinen.

-Rumi

Liebe sagt „ich bin alles".
Weisheit sagt „ich bin nichts".
Zwischen diesen beiden fließt mein Leben.

-Nisargadatta

VORWORT

Jeff Foster begegnete mir zum ersten Mal auf einem S-Bahn-steig. Um Zeit zu überbrücken, hatte ich mir sein Buch einge-steckt. Ein paar Minuten hatte ich noch für „an extraordinary absence" [eine außergewöhnliche Abwesenheit] – mal schaun …

Als die S-Bahn einfuhr, war bereits entschieden, dass ich das Buch übersetzen und verlegen werde. Einfache Worte. Schlicht und klar. Kompromisslos und überaus verbindlich. Seite für Seite mitten ins Schwarze treffend. Dabei vollkommen unspektakulär.

Jeff Foster zu lesen, ist eine unglaubliche Erleichterung. Warum? Weil ihn nichts behindert, weil er nicht konzeptionalisiert, weil er das Offensichtliche *einfach* sagt – einfach so. Weil er dem, was ist, nichts an- oder umhängt, weil er mit dem Leben tanzt, statt die Schrittfolgen zu erklären. Er nimmt keines seiner Worte in Besitz und kommt nicht auf die Idee, etwas außergewöhnliches für sich selbst in Anspruch zu nehmen. Da ist nur der Tanz. Der Tanz des Lebens, so wie es sich tanzt.

Hier spricht kein Weiser, kein Wissender, kein Priester, kein Erhobener sondern einer, der die Heiligkeit im Gewöhnlichen gefunden hat. Im Alltäglichen. Es bedarf keiner weiteren Zutat! Bei Jeff Foster finden alle Konjunktive ihren sicheren Tod. Hier hat das, was sein sollte oder müsste, keinerlei Bedeutung. Hier ereignet sich das, was sich nicht kategorisieren oder vorwegnehmen lässt in einer Totalität, die wir erst *ein*sehen (können), wenn wir ihr bereits erlegen sind.

Advaita? – Nondualität? – Spiritualität? ... Ja! Ja, ja, natürlich! Einfach alles! Aber nichts im Besonderen. Das ist es, worauf Nondualität hinzuweisen versucht: Du und ich und der, den du liebst und der, den du hasst und deine Freuden und deine Schmerzen und deine Hoffnungen und deine Ängste, und, und, und alles andere auch – das widerspricht sich nicht! Es taucht auf, wandelt sich und geht wieder – immer wieder, ständig aufs Neue, unaufhörlich.

Der unaufhörliche Wandel führt zum großen Wiedererkennen: „Das bin ja ich!" – Das und das und das. Das Wiedererkennen wandelt den, der sich für unwandelbar gehalten hat und deshalb so lange unversöhnlich geblieben ist.

Ich sehe nicht nur mich, ich nehme nicht nur mich wahr. Zuallererst sehe ich, zuallererst nehme ich wahr! – Als du und als ich. Und dann vielleicht sogar als der Baum, als der Stein, als der Stuhl. Und wie aus dem Nichts kann ich mich lassen, von mir lassen und mich sein lassen – und erscheine mir selbst als der Raum, nach dem ich zeitlebens auf der Suche war. Hier gibt sich die Unschuld, die sich aus Unwissenheit die schmutzigen Kleidchen der Schuld hat überstülpen lassen, klar zu erkennen. Hier ist es um jede Schuld und alle Fremdheit geschehen. Hier wird nicht mehr geglaubt, was nicht zu glauben ist! Was für eine Erleichterung!

Daniel Herbst
Juni 2010

P.S.: Es ist geplant, Jeff Foster spätestens im Frühjahr 2011 für einige Meetings nach Deutschland einzuladen.
Infos dazu werden rechtzeitig auf www.noumenon-verlag.de und auf Jeff Fosters Webseite www.lifewithoutacentre.com zu finden sein.

Eine Aussergewöhnliche Abwesenheit

Ein neuer Anfang

Dieses Buch ist ein Liebesbrief der Stille an die Stille.

Die Worte tauchen aus der Stille auf und kehren dahin zurück.

Worte sind nur die Kräuselungen auf der Oberfläche des unermesslichen Ozeans des Seins.

Sie tanzen und spielen und singen ihr Lied, und tauchen dann wieder ein in die unendliche Ausdehnung der Lebendigkeit.

Lies die Worte und lass sie zurück.
Lies die Worte und schmeiß das Buch dann weg.
Verbrenne es.

Alles, was Worte tun können, ist hinweisen. Sie sind Hinweise. Wegweiser.

Sie können das Leben nicht berühren, sie können es nicht fassen aber vielleicht, nur vielleicht, können sie darauf hinweisen.

Vielleicht, nur vielleicht, können sie etwas vom Geschmack mitteilen, etwas über den Duft davon.

Die Worte in diesem Buch weisen auf etwas sehr Einfaches hin:

Auf das Leben, so, wie es sich entfaltet.
Auf die einfache und offensichtliche Erscheinung von allem.
Auf die gegenwärtigen Anblicke, Geräusche und Gerüche.
Auf die Lebendigkeit, die hinter allem steht,
die alles füllt, die alles transzendiert, die alles *ist*.

Und sogar über das hinaus:

Auf die Abwesenheit einer getrennten, dauerhaften Person.
Auf eine unermessliche Offenheit, die alles beinhaltet und von nichts getrennt ist.
Auf die außergewöhnliche Abwesenheit im Innersten des Lebens, die sich schließlich selbst als vollkommene Präsenz erschließt.

Das scheinbare Paradox im Innersten der Schöpfung:

Abwesenheit ist Präsenz.
Leerheit ist Form.
Wahrnehmung ist nicht getrennt von ihrem Inhalt.

Und wenn die Abwesenheit und die Präsenz einander treffen und implodieren,
wenn Leerheit und Form zueinander werden und sich verlieren,
wenn das, was sieht, in das Gesehene hinein zusammenbricht,
wenn Subjekt und Objekt verrückt werden, verrückte Liebende und ins Nichts entschwinden,
was bleibt dann?

Wenn alle Konzepte der Welt einfach als Konzepte gesehen werden,
wenn das Denken in seinen natürlichen Rhythmus zurückfällt,
wenn das vergebliche Suchen des „Affenverstands" endlich zur Ruhe kommt,
was ist dann?

Jenseits des Erwachens, jenseits der Erleuchtung, jenseits des Realen und des Unrealen,
jenseits von Existenz und Nichtexistenz, jenseits dessen, *was ist* und *was nicht ist*,
jenseits von Selbst und Nichtselbst, jenseits von Dualität und Nondualität,
jenseits von Leben und Tod,
was erstrahlt jenseits, über alles hinaus?

Was hat dir Leben gegeben, was hat dich vor Ewigkeiten hervorgebracht, damit es sich selbst erkennen kann? Damit es sich selbst anfassen, schmecken, fühlen und sehen kann?

Was hält dich, liebt dich, umarmt dich immerzu, auf eine Weise, wie eine Mutter ihr Baby umarmt?

Was hat dich immerzu dahin zurückgerufen – von Anfang an?

Das.

Nur *das.*

Immerzu *das.*

Für immer *das.*

Ich bitte dich respektvoll, alles zu vergessen, was du weißt, alles, was dir beigebracht worden ist, alles, was du jemals über das spirituelle Erwachen, Nondualität und Advaita, Einssein und Erleuchtung gelesen hast, um eine neue Möglichkeit in Erwägung zu ziehen: Die Möglichkeit der Freiheit, genau hier, inmitten des scheinbar so gewöhnlichen Lebens. Die Möglichkeit absoluter Freiheit, genau da, wo du bist.

Und jetzt lass uns aufs Neue beginnen.

1
DIE WELLE UND DER OZEAN

Und, grundlos, wie ein Kind
Fange ich mit dem Seilhüpfen an.
Und, grundlos verwandele ich mich in ein Blatt,
Das empor getragen wird.
Ich küsse der Sonne auf den Mund
Und verschwinde.

- Hafiz

JENSEITS ALLER IDEEN

Ich bin kein Lehrer. Ich habe nichts, was du nicht hast. Ich bin in keiner Weise etwas Besonderes. Das meine ich so.

Wenn wir dem, was es ist, einen Namen geben müssten, könnten wir es ein Zusammentreffen nennen. Ein Treffen in Freundschaft und Offenheit, über etwas, das bereits bekannt ist. Über etwas, das bereits bestens bekannt ist. In Wirklichkeit muss ich dir darüber kein einziges Wort sagen.

Du hast das schon immer gewusst. Ich bin nur hier, um dich daran zu erinnern.

Manchmal sprechen Leute über ein Erkennen oder eine Resonanz, die sich einstellen kann, wenn du Worte hörst oder liest, die aus der Klarheit auftauchen. Diese Resonanz liegt vollkommen jenseits des denkenden Verstandes, jenseits des Intellekts, sie geht über unser Verstehen hinaus. In diesem Buch geht es um die Resonanz, die direkt zu Herzen geht. In dieser Resonanz gibt es immer die Möglichkeit, dass etwas anderes durchscheint. Das ist wirklich alles, worauf diese Worte hinzuweisen versuchen: Eine Erhellung, die jenseits der Verstehens liegt. Ein (Wieder)erkennen, das jenseits des Denkens liegt. Ein sich Öffnen in etwas Außergewöhnlicheres – und Gewöhnlicheres – als es der Verstand jemals hoffen könnte zu erfassen.

* * *

Wenn wir über Nondualität sprechen, müssen wir oft auf Methapern und Paradoxe zurückgreifen, weil wir auf etwas hinweisen wollen, das lebendig und vollkommen ist und dafür Worte benutzen, die trennend und fragmentarisch sind. Es ist, als wolle man Wasser mit einem Fischernetz fangen. Unmöglich.

Das Buch ist voll von solchen Paradoxien und Widersprüchen. Deshalb wird der Verstand, der versucht, all die Worte intellektuell zu *verstehen* sehr verwirrt. Der Verstand möchte deshalb so unbedingt verstehen, weil er das, was er verstehen kann, besitzen kann und wenn er besitzen kann, kann er kontrollieren. Er möchte der Meister sein. Er hat die letzten paar Millionen Jahre damit zugebracht, Meister zu sein, und das wird er nicht so einfach aufgeben!

Versuche nicht, alles in diesem Buch zu verstehen, aber öffne dich der Möglichkeit, dass eine Erhellung stattfinden kann. Lass die Worte einfach über dich hinweg ziehen. Sonnenbade in ihrer Präsenz. Wenn du einige der Konzepte im Buch herausfordernd findest, ist das so, weil sie es sind. Sie fordern jede deiner Ideen heraus, die du über Spiritualität, das Leben, die Welt und dich selbst hast. Vielleicht findest du manche der Worte sogar bedrohlich für Dein Selbstbild, für deine Ideen darüber, wer du bist, für deine Vorstellung von Wahrheit. Sei offen für diese Möglichkeit. Und wisse, dass derjenige, der das Buch schrieb derjenige ist, der es liest. Wenn irgendetwas in dem Buch hart, unbarmherzig oder teilnahmslos klingt, dann ist das nicht die Intention. Die Intention ist nicht, zu schockieren oder zu bestürzen, sondern die Möglichkeit, absolute, nicht konditionierte Liebe zu teilen.

Das Buch ist dir aus dem Nirgendwo im Traum erschienen, um dich daran zu erinnern, was du bereits weißt.

* * *

Nicht nur die Worte in diesem Buch versuchen, diese Nachricht zu vermitteln. Es sind nicht nur die Worte, die versuchen das Unaussprechliche auszudrücken. Alles tut das. Buchstäblich alles um dich herum drückt die Befreiung schon vollkommen aus. Es sind die Gerüche, Klänge, der vorbeiziehende Verkehr, die Bewegung, die passiert: alles *drückt* das *aus* und alles ist ein *Ausdruck* davon. Es ist überall, wir nehmen es bloß nicht wahr. Das ist der kosmische Witz.

Also häng nicht zu sehr an den Worten in diesem Buch. Sie sind nur ein kleiner Ausschnitt im Tanz des Lebens. Sie sind bloß kleine Wellen auf der Oberfläche des Seins.

Wenn du mit einem offenen Geist liest, mit geöffnetem Verstand und einem offenen Herzen, wenn du bereit bist alles, was du weißt, beiseite zu lassen, wenn du für eine andere Möglichkeit offen bist, eine Möglichkeit, die sich scheinbar so sehr gegen vieles von dem wendet, was uns zu glauben beigebracht worden ist, dann wird vielleicht etwas von dem, was hier mitgeteilt wird, widerhallen. Vielleicht wird etwas erkannt, vielleicht wird etwas gesehen, vielleicht fällt etwas weg; wenn da eine Öffnung ist – die da ist.

Und natürlich, wenn du das Buch mit einem abwehrenden Verstand und einem verschlossenen Herzen liest, dann könnte dich das alles einfach frustrieren und enttäuschen. Du könntest dich so an den Worten festmachen, dass du nicht mitbekommst, wohin die Worte weisen. Wenn das der Fall ist, würde ich vorschlagen, das Buch beiseite zu legen und es später wieder zur Hand zu nehmen, wenn dafür eine Bereitschaft besteht.

* * *

Ich sollte dich jetzt warnen: *Das ist kein Selbsthilfebuch*. Es geht nicht um schnelle Lösungen. Es geht nicht darum, alle deine Probleme zu lösen. Es ist nicht geschrieben worden, damit du dich deinem illusionären Selbst gegenüber besser fühlst. In diesem Buch geht es ums Sehen – ein Wort, dass alles, was hier mitgeteilt wird, zusammenzufassen scheint. Sehen, dass deine Probleme in erster Linie niemals deine eigenen waren. Sehen, dass es zu keiner Zeit dein Leben war, das in Ordnung gebracht werden musste, dass du niemals auch nur für einen Moment getrennt vom Leben warst.

Dass da nur *das* ist – hier und jetzt – und das es bereits vollständig ist und keine Verbesserung braucht. Das, wonach du dich schon immer gesehnt hast, starrt dir bereits ins Gesicht, sieht aber in keiner Weise so aus, wie du es dir vorgestellt hast.

Das sind alles sehr gute Nachrichten, weißt du. Wie Jesus sagte: „Du musst dein Leben verlieren, um es zu gewinnen." „Stirb bevor du stirbst", sagte der Prophet Mohammed, „und es wird keinen Tod geben." Wenn es den Suchenden nicht mehr gibt, ist da nur noch Liebe.

Wenn da eine Bereitschaft ist zuzuhören, eine Offenheit und Bereitschaft gehen zu lassen, dann sei willkommen zu dieser „leisen Revolution der Spiritualität".

Die Suche nach Zuhause

Lasst uns gleich an die Wurzel davon gehen:
Das scheint niemals genug zu sein.

Was jetzt gerade passiert, der gegenwärtige Moment, *das* – es scheint niemals genug zu sein. Auf Millionen verschiedene Weisen verbringen wir unser Leben damit, zu suchen, zu forschen, zu wollen.

Wir wollen mehr, etwas anderes.
Etwas anderes als das, was passiert.
Etwas – in der Zukunft – das uns befriedigen, vervollständigen, retten wird.
Nach Antworten suchend,
machen wir uns mit den Fragen selbst verrückt.

Wir scheinen niemals in der Lage zu sein, einfach hier zur Ruhe zu kommen und voll in das hinein zu entspannen, was passiert. Es gibt den ständigen Zug in einen zukünftigen Moment, dahin, wo die Dinge besser sind. Und wenn unsere Aufmerksamkeit so auf die Zukunft – und ihre Reflexion, die Vergangenheit – fixiert ist, wird das, was gegenwärtig passiert, letzten Endes auf einen Moment unter vielen reduziert. Wir hoffen, dass künftige Augenblicke besser sein werden als dieser. Wir scheinen mit *dem* einfach niemals zufrieden zu sein.

Das ist, was ich die Suche nenne. Wir suchen alle nach etwas. Und die Suche selbst zeigt sich auf Millionen verschiedene Weisen. In der sogenannten materiellen Welt jagen wir dem

Geld hinterher, dem Glück, Status, besseren oder erfüllenderen Beziehungen, einem stärkeren Selbstwertgefühl. Mehr Gütern. Mehr Sicherheit. In der materiellen Welt ist es sehr wichtig zu wissen, wer du bist. Dein Schicksal zu erfüllen. Dein Leben funktionieren zu lassen. Deine Ziele und Ambitionen zu erreichen. Erfolg zu haben. Es ist die Jagd danach, jemand in der Welt zu sein. Etwas aus deinem Leben zu machen, bevor du stirbst.

Meistens erfüllt uns die sogenannte materielle Welt nicht. Und so mögen wir uns spirituellen Lehren zuwenden. Jetzt ist das Ziel nicht mehr, Millionen auf der Bank zu haben, oder ein schnelleres Auto, oder eine erfüllendere Ehe. Jetzt ist das Ziel aufzuwachen. Jetzt ist das Ziel die Erleuchtung. Jetzt wollen wir statt eines neuen Autos den Zustand des Bewusstseins verändern. Statt einer neuen Beziehung wollen wir fortwährende Glückseligkeit. Statt weltlichen Erfolg wollen wir Erleuchtung, wir wollen etwas verlieren, das sich Ego nennt, wir wollen etwas transzendieren, das sich Verstand nennt.

Materielles Streben, spirituelles Streben, all das ist Streben. Ob es dabei um die Suche nach materiellem Reichtum geht oder um die spirituelle Erleuchtung, es ist alles dasselbe Streben, dieselbe Bewegung des Denkens. Es ist die Bewegung in eine nicht existierende Zukunft hinein. Es ist die Suche nach etwas in der Zukunft, nach *mir*. Ja, was direkt an die Wurzel des ganzen Strebens geht, ist das „*Ich*". Wir wollen die Millionen Euro auf der Bank für *mich*, und wir wollen die spirituelle Erleuchtung für *mich. Mich, mich, mich!*

An der Wurzel aller lebenslangen Suche liegt das Empfinden, dass hier ein Individuum ist, ein getrenntes Ich, ein gesondertes Selbst, eine eigene Person.

Es ist das Gefühl, ein vom Leben gesondertes Wesen zu sein, getrennt *davon*. Getrennt von anderen, getrennt von der Welt. Getrennt von der Quelle.

An der Wurzel der ganzen Suche einer Lebenszeit liegt das Gefühl, nicht ganz zu sein. Unvollständig zu sein. Fragmentiert. Verloren. Befremdet. Voller Heimweh.

Für das getrennte Individuum scheint das Gefühl des Mangels in jeden Bereich seines Lebens einzusickern. *Niemals genug, niemals genug*, das ist das Mantra des getrennten Selbst. Und das Gefühl des Mangels ist nicht nur eine intellektuelle Angelegenheit. Es ist nicht einfach nur ein Glaube. Es ist ein zutiefst empfundenes Gefühl, nicht zuhause zu sein, ein Gefühl, das alle Erfahrungen beeinflusst.

Einst waren wir zuhause, und jetzt sind wir es nicht. Als gesonderte Individuen leben wir gequält von der vagen Erinnerung an eine Vertrautheit, die wir nicht benennen können.

Es ist so wie es war, als du ein kleines Kind warst und deine Mutter dich allein im Zimmer gelassen hat. Du wusstest nicht, wo sie hingegangen war und plötzlich überkam dich eine Sehnsucht, ein Heimweh, das du nicht erklären konntest, das aber direkt zum Kern dessen zu gehen schien, wer oder was du bist.

Diese Sehnsucht trifft genau ins Herz dessen, was es bedeutet, eine getrennte Person zu sein.

Wie wir noch sehen werden, ist es dennoch nicht die Mutter, die wir wirklich wollen. Sie ist nur ein Symbol für etwas weitaus Größeres. Alles verlangt danach, nach Hause zu kommen, zurück zur Quelle, zurück zum Ozean. Zurück zu dem, was wir waren, bevor all das passiert ist.

* * *

Deshalb hast du im Moment der Trennung auch Sehnsucht. Es ist die Sehnsucht nach dem Ende des Getrenntseins. Um das Getrennte zu heilen. Um das Gefühl des Zusammengezogenseins zu beenden und wieder in die ungeheure Weite zu expandieren.

Es ist die Welle, die sich danach sehnt, wieder in den Ozean hinein zusammenzubrechen. Aber – was die Welle natürlich nicht erkennen kann ist, dass es niemals eine vom Ozean getrennte Welle gegeben hat. Die Welle war immer eine perfekte Manifestation des Ozeans. Sie war immer zu einhundert Prozent Wasser. Sie war immer klitschnass. Durchnässtes Dasein.

Du bist niemals vom Ozean getrennt gewesen. Du bist zu keiner Zeit vom Ganzen abgesondert gewesen. Das war der Traum der Trennung. Und die Suche des ganzen Lebens war immer die Suche nach dem Zuhause.

Aber natürlich wurde das niemals erkannt. Die Sehnsucht nach Zuhause hat sich immer im Verlangen nach einem neuen Auto, nach mehr Geld, nach diesem Mann oder dieser Frau ausgedrückt. Die Sehnsucht hat sich selbst auf einer sehr weltlichen Ebene gespielt, obwohl du dich heimlich immer danach gesehnt hast, deine Welt zu *verlieren* und in das Leben selbst hineinzuspringen.

Die Möglichkeit der Befreiung

Dieses Buch zeigt die Möglichkeit auf, dass die Suche nach Zuhause deshalb vergeblich ist, weil du es überhaupt nicht verlassen hast. Du bist niemals woanders als zuhause gewesen.

Was wir auf den nächsten Seiten miteinander teilen werden, ist die Möglichkeit, dass die Suche einer Lebenszeit, diese unaufhörliche und erschöpfende Suche nach etwas mehr, nach etwas „da draußen", etwas in der Zukunft, für „mich", wegfallen kann.

Die Suche kann ganz wegfallen.

Zusammen damit kann das Gefühl wegfallen, eine getrennte Person zu sein. Wenn die Suche geht, geht damit auch das Gefühl, ein getrennter Suchender zu sein.

Und was sich in der Abwesenheit der Suche zeigen kann – nun, das ist vollkommen jenseits von Worten.

Was in diesem Wegfallen zum Vorschein kommen kann ist … Befreiung.

Befreiung mitten in deinem Leben.

Befreiung genau da, wo du bist.

Einen Verstand, der in seine spirituellen Lehren verfangen ist, in seine Glaubenssätze, Praktiken, Ideologien, schockiert die Einfachheit, die sich in diesem Wegfallen offenbart. Es ist einfach schockierend. Tatsächlich atemberaubend.

Es ist nicht so, wie du gedacht hast.

Meine Güte, wir haben so viele Ideen darüber, was Befreiung ist. Aber gerade jetzt, was können sie anderes sein als Gedanken, Konzepte, Erinnerungen – aus der Vergangenheit herübergerettet? Unsere Ideen von der Befreiung sind immer aus zweiter Hand.

Aber die Schönheit *dessen* ist, dass es in keiner dieser Ideen und Konzepte enthalten sein kann. Dafür ist es zu lebendig, dafür ist es zu präsent.

Das ist der Tod des gesonderten Individuums, der Tod des Suchers und ein Fall in etwas weitaus Geheimnisvolleres.

VERSTECKEN SPIELEN

Was hier zu geschehen scheint, ist folgendes: Jemand – ich – hat ein Buch über etwas namens Nondualität geschrieben, das von einem anderen – dir – gerade gelesen wird. Das ist der Traum.

Was hier tatsächlich geschieht – und nicht nur hier, sondern natürlich auch überall sonst – ist völlig außergewöhnlich. Was hier passiert ist *Einssein, das sich selbst trifft* und sich selbst in Millionen verschiedener Formen sieht und sich daran erfreut.

Gerade jetzt erscheint das Einssein als *das*. Es erscheint als ein Körper, der auf einem Stuhl sitzt und ein Buch hält. Es erscheint als der Boden, als die Wände, als das schlagende Herz, als der passierende Atem, als Farben, Gerüche, Klänge und alles andere, was genau jetzt vor sich geht.

Einssein erscheint als alles, was gegenwärtig vor sich geht, absolut alles. Ja, natürlich tut es das. Es *ist* alles.

Diese außergewöhnliche Lebendigkeit schaut uns direkt ins Gesicht, das hat sie immer schon getan. Wie kann es dann sein, dass wir sie nicht ständig wahrnehmen? Sie ist so offensichtlich, wenn sie erst einmal erkannt wurde und doch scheint sie bis dahin versteckt zu sein. Es scheint so, als ob ein Versteckspiel vor sich geht.

Ja, aus einer Perspektive scheint es unglaublich gut versteckt zu sein. Tatsächlich so gut versteckt, dass es das ganze Leben lang als alles erschienen ist, buchstäblich als alles, und trotzdem können wir es nicht sehen.

Und natürlich, weil es alles ist, buchstäblich alles, ist überhaupt nichts wirklich versteckt.

Wenn du dich verstecken würdest, aber sicher sein wolltest, dass du gefunden wirst, wäre es das Beste, dich als alles zu verkleiden, was es gibt.

Wenn du etwas vollkommen offensichtlich machen wolltest, würdest du dich da nicht versichern, dass es alles ist?

* * *

Nichts davon muss verstanden werden.

Wenn du das verstehen könntest, wärest du einfach nur eine Person, die ein paar Konzepte über Nondualität aufgelesen hat. Du wärest einfach nur eine Person, die ein paar *Ideen* darüber hat.

Es geht nicht ums Verstehen, es geht ums Fallen. Ein Fallen in das ehrfurchtgebietende Mysterium, das das Leben selbst ist. Ein Fallen in das Nicht-Wissen.

Und in diesem Fallen existiert der Suchende nicht mehr.

DAS ANGEBOT

Im Traum der Trennung bist du ein Individuum mit Wahl- und Willensfreiheit. Im Traum entscheidest du dich scheinbar dafür, das Buch zu lesen. Du entscheidest, zum Buchladen zu gehen oder es dir von einem Freund zu leihen, und dann entscheidest du dich heute, das Buch zu nehmen, dich hinzusetzen und mit dem Lesen anzufangen. Und du entscheidest dich, jetzt auf eine bestimmte Weise auf dem Stuhl zu sitzen, und du entscheidest dich, die Augen über die Seiten gleiten zu lassen, und du entscheidest dich, mir zu glauben oder auch nicht, das, was ich sage, zu mögen oder nicht, von den Worten gelangweilt oder begeistert zu sein oder nicht. Im Traum wählst du sicher eine ganze Menge!

Im Traum wählst du deinen Weg diesem entgegen.
Im Traum hast du alles passieren lassen.
Im Traum kannst du dir das alles zuschreiben.
Im Traum scheinst du der Schöpfer zu sein.

Mit dem Wegfall der Geschichte, du hättest die Wahl – der Geschichte, eine getrennte, klar umrissene Person im Zentrum deines Lebens zu sein, der Geschichte, dass du alles tust, dass du all das erschaffen hast – hast du wirklich keine Möglichkeit mehr, zu wissen, wie das alles passieren kann. Mit dem Wegfall der Wahl hast du keine Möglichkeit mehr, zu wissen, wie du hierhergekommen bist. Wie irgendetwas passiert ist.

Und dann öffnest du, einem Neugeborenen gleich, deine Augen und findest *das*. Mit dem Wegfall des Individuums siehst du das zum ersten Mal. Und du schaust runter und findest dich auf einem Stuhl sitzend vor. Und da ist das Gefühl, dass der Stuhl nicht da sein müsste, aber er ist es trotzdem.

Und für all das gibt es nur Dankbarkeit.

Du schaust runter, und mein Gott, da ist ein Stuhl, sich selbst anbietend, dich vorbehaltlos unterstützend, nichts von dir verlangend. Welche Anmut.

Den Stuhl interessiert es nicht, wer du bist. Wer du zu sein *glaubst*. Er kümmert sich nicht darum, was du getan oder gelassen hast. Es kümmert ihn nicht, was du erreicht oder nicht erreicht hast, was du glaubst oder nicht glaubst. Es interessiert ihn nicht, ob du ein Erfolg oder Misserfolg bist, ob du deine Ziele erreicht hast oder nicht. Es ist ihm egal, ob du glaubst erleuchtet zu sein oder nicht. Es interessiert ihn nicht, wie du aussiehst, wie du angezogen bist. Es kümmert ihn nicht, ob du krank oder gesund bist, ob du Buddhist, Jude oder Christ bist, ob du alt oder jung bist, ob du verstehst oder nicht verstehst. Er bietet sich nur an, vorbehaltlos.

Diese Nachricht ist nicht kompliziert. Sie befindet sich in etwas so einfachem und gewöhnlichem wie einem Stuhl.

Und nicht nur der Stuhl, sondern alle Dinge: alle Dinge bieten sich vorbehaltlos an.

Das Geheimnis ist:

Leben ist tatsächlich überhaupt kein Leben. Es ist ein Angebot.
Und gerade jetzt bietet es *das* an. Es bietet den gegenwärtigen Augenblick an. Es bietet alles an, was hier passiert. Es bietet die Gegenwart an, die Lebendigkeit. Es bietet eine offensichtliche Welt aus Ansichten, Geräuschen und Gerüchen an, obwohl sich niemand im Zentrum von alldem befindet. Obwohl da überhaupt keine Welt ist, um die Wahrheit zu sagen. Und trotzdem ist *das* da. Und mit den unschuldigen Augen eines Kindes siehst du es immer zum ersten Mal. Worte können es nicht einmal im Ansatz erfassen.

Für den Verstand ist das alles Wahnsinn! Der Verstand sagt: „Nun, natürlich ist da ein Stuhl. Ich habe ihn dort hingestellt. Ich habe das ermöglicht!" Der Verstand wird niemals in der Lage sein, das Wunder dessen, *was ist*, zu erfassen. Egal, er braucht es auch nicht. Wunder bleiben auch dann Wunder, wenn sie unerkannt bleiben und nicht wertgeschätzt werden.

* * *

Und es geht tiefer: du schaust runter und siehst Kleider an deinem Körper, sie schützen dich, halten dich warm oder kühlen, halten die Sonne von dir ab.

Und Atmen geschieht. Ein und aus, ein und aus, anstrengungslos. Wiederum, es verlangt nichts von dir. Sogar im tiefen traumlosen Schlaf, wenn du nicht einmal da bist, um es mitzukriegen, geschieht Atmung. Atmung geschieht sogar in der Abwesenheit von dir! Du musst nicht einmal da sein, und trotzdem geht das Angebot einfach weiter.

Und das Herz schlägt, pumpt Blut durch den Körper, verlangt nichts von dir. Es bietet sich selbst einfach großzügig an. Eines Tages wird es nicht so sein. Eines Tages wird das Herz nicht mehr schlagen, *aber es schlägt jetzt*. Eines Tages wird die Atmung nicht mehr passieren, *aber sie geschieht jetzt*. Dir wird nichts garantiert, dir wird kein weiterer Tag garantiert, keine Stunde, kein Augenblick. Und dennoch bekommst du all das. Geschenkt.

Empfindungen im Körper und Geräusche und eine kühle Brise. Und selbst Gedanken kommen von nirgendwo her und lösen sich wieder in Nichts auf.

Auch das bekommst du alles geschenkt. Das ist Gnade. Das ist Einssein. Und es sieht in keiner Weise so aus, wie du dachtest. Wer hätte gedacht, dass Befreiung oder wie immer du das nennen möchtest, so einfach und offensichtlich sein würde? Dass es ein einfaches, klares Sehen dessen was ist sein würde? Dass es das Leben sein würde, wie es ist, gesehen in Klarheit?

Und natürlich wird der Verstand diese Nachricht zurückweisen. Verstehst du, das ist das Ende seiner Geschichte von Kontrolle. Das Ende seiner Zukunft. Das Ende seiner Suche. Für den Verstand ist das ein bisschen wie der Tod. Und so sagt der Verstand: „Nein, das kann es nicht sein. Das ist zu gewöhnlich! Ich habe so viel mehr erwartet! Ich wollte so viel mehr als einfach … auf einem Stuhl sitzen!"

Der Verstand sagt, dass das zu *gewöhnlich* ist.

Aber weißt du, es war immer die Suche nach dem Außergewöhnlichen, die das hier gewöhnlich gemacht hat. Es war immer eine Suche nach etwas da draußen, das dieses hier so gewöhnlich und trüb gemacht hat. Und dann waren wir davon so gelangweilt, dass wir etwas anderes wollten. Wir waren von *diesem hier* so gelangweilt, dass wir *das dort* wollten. Uns langweilte *das* so sehr, dass wir *davon* erwachen wollten!

Die spirituelle Suche wurzelt seit jeher in der Zurückweisung des Gegenwärtigen. Die lebenslange Suche war immer eine Bewegung weg von dem, was ist.

Aber mit dem Wegfall der Suche nach dem Außergewöhnlichen ist *das* nicht länger gewöhnlich. Im Wegfall der Suche – und zusammen damit, des Suchers – hast du keine Möglichkeit mehr, das „gewöhnlich" zu nennen. Die Gegensätze brechen ineinander zusammen und das, womit du zurückbleibst, lässt sich nicht in Worte fassen.

Schau dir ein Neugeborenes oder ein kleines Kind an: Da ist ein Gefühl des Erstaunens, ein Gefühl der Verwunderung für das Leben, *wie es ist*. Als Erwachsene scheinen wir uns weit von der kindlichen Unschuld und Einfachheit zu entfernen. Wir werden so schwer, sind so an unser Streben verloren, an unser Bestreben, ein Jemand in der Welt zu sein, Erfolg zu haben, an unseren Wunsch, alles perfekt zu machen. Und das ist alles so erschöpfend.

Unter dem ganzen Suchen sind wir trotzdem gerade Geborene. Wir sehen die Welt immer noch zum ersten Mal. Wir haben uns nur ein wenig an das Spiel des *Werdens* verloren. Das ist alles.

MÖBEL UMSTELLEN

Während der Verstand all die Informationen zu verarbeiten versucht, könnte eine seiner Antworten heißen:

Wenn Suchen das Problem ist, wie kann ich es aufgeben?

Siehst du, und damit sind wir wieder zurück im Suchspiel. Wir fangen an, das Ende der Suche zu suchen, was mehr Suche bedeutet, als jemals zuvor.

Hier geht es darum, alles aufzugeben. Es geht nicht darum, unsere spirituelle Praxis aufzugeben, unsere Ziele oder das Suchen selbst. Es geht nicht darum zu erkennen, dass die Suche das Problem ist, nicht darum zu realisieren, dass alles Suche ist, um dann das Leben aufzugeben und rumzusitzen und nichts zu tun. Nein, es geht nicht darum, irgendetwas zurückzuweisen.

Im Traum muss sich eigentlich gar nichts verändern, weißt du. Darum ist dieses Buch nicht wie andere Bücher über Spiritualität. In den meisten spirituellen Büchern geht es darum, dein Leben zu ändern. Deine Einstellung zu ändern, dein Benehmen, deine Gedanken. Möbel im Hotel des Lebens umzustellen, um es zu einem angenehmeren Aufenthaltsort zu machen. Das Buch wird dich nicht lehren, wie Möbel umgestellt werden. Aber natürlich, wenn du ein komfortableres Zimmer haben möchtest, stell ruhig die Möbel um!

Was ich vorschlage ist, dass „dein Leben", *so wie es ist*, bereits *perfekt ist*, auch wenn das bisher nicht bemerkt wurde.

Stell dir vor, wie du nachts schläfst, du träumst. Und im Traum passieren alle möglichen Dinge. Während du träumst, sieht alles so echt aus. Und dann wachst du plötzlich auf und erkennst, dass alles, was gerade passiert ist, eigentlich überhaupt nicht passiert ist.

Nichts in diesem Traum muss sich ändern. Du wachst morgens nicht auf und versuchst dann, den Traum zu ändern oder? Das Sehen des Traumes als Traum ist genug. Im Sehen des Traumes als Traum existiert der Träumende nicht mehr und nichts, was im Traum passiert ist, kann dich noch berühren.

Es ist das Gleiche, wenn du einen Film siehst. Du sitzt nicht im Kino und versuchst dann, den Film zu ändern oder zu manipulieren. Du schaust einfach zu. Und tatsächlich gibt es im Sehen nicht länger eine Trennung zwischen demjenigen, der sieht und dem Film, der gesehen wird. Wenn du völlig im Film aufgehst, ist da nur noch, was passiert. Du lachst und weinst mit dem Film, ganz so, als ob es dir selbst passieren würde. Du vergisst dich selbst. Du verschwindest im Film.

Darum lieben wir es, ins Kino zu gehen. Wenn du einen Film siehst, musst du nichts verdammen: du lässt das, was vor sich geht, einfach über dich kommen. Oder genauer gesagt: du wirst vom Film weggewaschen. Du und deine Vergangenheit und Zukunft verschwinden zugunsten dessen, was passiert. Da das, was auf der Leinwand passiert, im Wesentlichen nicht der Realität entspricht, kannst du dich voll auf die Erfahrung einlassen. Du kannst dich vollkommen hinter dir lassen und ohne Vorbehalte am Geschehen teilnehmen und mitlachen und mitweinen und mitgehen, so, als wäre es wirklich. Es ist so, weil es nicht wirklich ist – und dennoch, für eine Weile ist es vollkommen wirklich. Das ist das offensichtliche Paradox an der Wurzel aller Erfahrung. Das Leben ist einfach nur ein großartiger Film. Der großartigste Film, der je gemacht wurde.

Im Aufwachen bleibt der Film also ein Film. Im Aufwachen bleibt der Traum ein Traum. Er ist essentiell nicht wahr, aber wenn du dahinein vertieft bist, scheint es so zu sein.

Die Geschichte von „dir", deine Vergangenheit und Zukunft, sind im Wesentlichen nicht wirklich – es scheint nur so, wenn vom Traumfilm des Lebens eine hypnotische Wirkung ausgeht. An jedem Punkt der Geschichte gibt es die Einladung, von der Geschichte aufzuwachen. Darin löst sich die Geschichte nicht auf. Sie geht weiter, aber es wird durch sie hindurchgesehen. Sie wird durchsichtig. Der Film geht weiter, aber er wird als das gesehen, was er ist.

Dann weißt du, dass nichts, was passiert, dich jemals verletzen kann. Die traurigen Szenen, die entsetzlichen Szenen, sie können nicht einmal mehr einen Kratzer hinterlassen.

Du wirst einer Leinwand sehr ähnlich, auf die der Film projiziert wird: Was auch immer im Film passiert, beschmutzt die Leinwand nicht. Liebevoll erlaubt sie allem, auf sie projiziert zu werden. Die unheimlichen Szenen, die freudvollen Szenen, alle sind erlaubt. Und dann endet der Film und das Publikum geht und die Leinwand ist so frisch und sauber wie zuvor.

Und natürlich – aus der Perspektive der Leinwand fängt überhaupt nichts an und nichts hört auf! Aus der Perspektive der Leinwand gibt es weder Zeit noch Raum. Der Film ist der Film aus Raum und Zeit. Wenn nichts projiziert wird, verlieren Zeit und Raum ihre Bedeutung.

In der Befreiung werden Zeit und Raum als das gesehen, was sie sind: Konzepte.

In diesem Buch geht es nicht darum, deine Probleme zu lösen. Das findet alles im Traum statt. Eine Traumgestalt versucht Traumprobleme zu lösen. Es handelt sich um eine Filmpersönlichkeit, die ihre fiktiven Filmprobleme lösen möchte.

Die Gestalt im Film glaubt, dass ihre Probleme wirklich sind. Aber natürlich sind die Probleme nur so wirklich wie die Gestalt. Der Darsteller beendet eine Einstellung, schminkt sich ab, wechselt die Kleider und geht nach Hause. Die DVD wird aus dem Abspielgerät genommen, und alles ist verschwunden. Die Filmrolle wird wieder verstaut und die Lichter im Kino gehen an. Deine Probleme sind nur so wirklich, wie du es bist.

NIEMAND DA

Alles in deinem Leben weist auf deine eigene Abwesenheit hin.

Selbst das intensivste Leiden weist auf die Abwesenheit desjenigen hin, der leidet.

Im Zentrum des größten Leidens, genau im Zentrum davon, gibt es einfach niemanden, der leidet. Sogar das Leiden weist auf die Abwesenheit der getrennten, fest umrissenen Person hin. Es kann sehr schwer sein, das zu hören. Habt Geduld mit mir.

Da ist Schmerz, aber da ist niemand, der in Schmerzen ist. Das ist der Traum, das ist das Leiden: dass es hier eine Person gibt. Nein, da passiert nur Schmerz, nur Empfindungen passieren, aber da ist niemand, dem das alles passiert. Nur die gegenwärtige Erscheinung des Lebens, nur die gegenwärtigen Zeichen und Geräusche und Gerüche, aber niemand ist im Zentrum von alldem. Einfach eine Abwesenheit, die vollkommen gegenwärtig ist. Einfach nichts, das spielt, alles zu sein.

Gedanken passieren, aber da ist niemand, der denkt.

Da ist ein Stuhl, aber niemand, der darauf sitzt.

Gerade jetzt atmet niemand. Niemand sieht. Niemand hört. Atmen geschieht einfach. Der Raum, das Buch, die Worte auf dieser Seite erscheinen einfach. Bei geöffneten Augen erscheinen sie einfach. Geräusche ereignen sich einfach.

„Ich atme, ich sehe, ich höre" – das ist die *Geschichte*.

Vor der Geschichte ist absolut nichts. Vor der Geschichte „ich bin eine Person, sitze auf dem Stuhl und lese das Buch" gibt es keine Person, keinen Stuhl und kein Buch. Vor der „ich" Geschichte ist nichts da und niemand, um das zu wissen. Vor dem „Ich" – nun, wir können nicht wirklich etwas darüber sagen. Es ist ein Mysterium. Und nicht einmal das ist wahr.

Aus dem Mysterium taucht „ich" auf. Und in dem Augenblick, in dem du ein „Ich" hast, hast du scheinbar etwas, das „Welt" genannt wird. Vor dieser Kontraktion gibt es keine Welt. Die Welt erscheint zusammen mit dem „Ich". Ausdehnung, Kontraktion. Schöpfung, Zerstörung. Der Herzschlag des Universums.

Der Mythos der Erleuchtung

Befreiung ist nichts, was ich habe und du nicht. Hier geht es nicht um Erwachte oder Erleuchtete, die ihr Verständnis an andere weitergeben.

Es gibt keine Erwachten, es gibt keine Erleuchteten, weil es in Wirklichkeit überhaupt niemanden gibt.

Leute, die glauben, dass sie erwacht sind, Leute die sagen: „Ich bin erwacht und du bist es nicht" sind Leute, die immer noch an die Trennung glauben. „Ich bin erwacht und du bist es nicht" – das ist eine größere Trennung als jemals zuvor! Um das sagen zu können, müsste da immer noch ein Referenzpunkt sein, ein „Ich". Ein „Ich", das sich mit einem „Du" vergleicht. Ein „Ich", das jeden Morgen erwacht und sich daran erinnert, dass es erwacht ist.

Aber wenn das ganze „ich und du" Spiel wegfällt, wenn diese Referenzpunkte nicht länger vorhanden sind, ist das Mysterium alles, womit du zurückbleibst.

Wenn das alles wegfällt, hast du keine Möglichkeit mehr zu wissen, dass du erwacht bist.

Du hast keine Möglichkeit, irgendetwas zu wissen. Du hast keine Worte mehr dafür, was *das* ist. Wie ein Neugeborenes, siehst du alles zum ersten Mal. Und nichts hat einen Namen. Wie Adam im Garten Eden fängst du an, allem einen Namen zu geben.

Erwachte, Erleuchtete, das findet alles im Traum statt. Es ist der Traumdarsteller, der nach dem Erwachen sucht. Und wenn die Person schließlich erwacht, stellt sich heraus, dass es ein Traumerwachen ist.

Nichts verändert sich, alles verändert sich

Selbst wenn du das, was Erwachen genannt wird, hättest, was würdest du damit anfangen? Wir können nicht einmal die Gnade erkennen, das Wunder, auf einem Stuhl zu sitzen. Wir können nicht einmal das, was genau vor uns ist, in aller Klarheit sehen. Also wie zum Teufel sollen wir da das Erwachen erkennen, wenn es schließlich stattfindet? Wir können nicht einmal *das* erkennen! Selbst wenn wir etwas hätten, das Erwachen genannt wird, wären wir nicht in der Lage, es zu sehen.

Fang damit an. Fang hier an. Erkenne *das* zuerst.

Und das Lustige ist: Wenn du *das hier* siehst, möchtest du *das dort* nicht mal mehr.

Denn wenn du das siehst, siehst du auch, dass das immer genug ist.

Nur hier auf dem Stuhl zu sitzen, zu atmen, das ist genug. Mehr als genug.

Indem man das erkennt, kann ein einfaches Leben geführt werden. Es gibt immer noch das Erwachen am Morgen, Kleider werden angezogen, es geht raus an die frische Luft, es wird Holz gehackt und Wasser getragen. Du tust alles, was du für gewöhnlich tust.

Nichts hat sich verändert: Es wird immer noch ein sehr gewöhnliches Leben geführt. Und dennoch hat sich alles verändert, weil die Schwere gegangen ist, die Ernsthaftigkeit gegangen ist, die Suche verschwunden ist.

Der Suchende ist tot.

Nichts hat sich verändert und alles hat sich verändert. Es wird erkannt, dass es von Anfang an nichts als das Wunder gegeben hat.

Das Buch teilt eine Möglichkeit mit: Die Suche einer Lebenszeit kann mit dem Wegfall des Gefühls, ein getrenntes Individuum zu sein und dem Eintauchen in die bedingungslose Liebe, an ein vollkommenes Ende kommen.

2
DAS AUSSERGEWÖHNLICHE IM GEWÖHNLICHEN

Es gibt kein „Wie" in Beziehung zum Freisein.
Wenn du „wie" (kann ich) frei sein fragst, hörst du nicht zu.

- J. Krishnamurti

F: Jeff, was ist Nondualität?

Na, das ist *die* Frage, oder? Für mich bedeutet „Nondualität" „Nichtzwei". Das weist auf die Tatsache hin, dass alles irgendwie Eins ist. Obwohl es so aussieht, als ob es voneinander getrennte Dinge in der Welt gibt, einzelne Menschen, einzelne Individuen; obwohl es so aussieht, als ob es Vergangenheit und Zukunft gibt und voneinander getrennte Objekte, ist eigentlich alles Eins. Und die spirituelle Suche ist tatsächlich die Suche nach Einheit.

F: Wir erkennen, dass wir mehr wollen, um uns vollständig zu fühlen. Auf eine Weise ist das etwas sehr menschliches.

Das ist es. Und die Suche fängt mit einem Gefühl der Vereinzelung an. Weil ich mich getrennt fühle, beginne ich zu suchen. In der materiellen Welt ist es das Streben nach Geld, nach Ruhm, besseren Beziehungen, einem stärkeren Selbstgefühl. In der spirituellen Welt ist es die Suche nach dem Erwachen, nach Erleuchtung, nach Befreiung. Aber es ist tatsächlich alles dieselbe Suche.
Es ist die Suche nach Vervollständigung. Die Suche nach dem Zuhause. Was ich versuche mitzuteilen ist, dass du dein Zuhause überhaupt nicht verlassen hast. Dieses Einssein ist alles, was es gibt. Und es ist hier und es ist jetzt, und wir sind davon nicht getrennt. Indem das gesehen wird, fällt die ganze Suche nach etwas anderem weg.

F: Wie fühlt es sich an, wenn das passiert?

(Lacht) Weißt du, es ist sehr schwierig, darüber zu sprechen. Wenn das passiert – das Wegfallen des getrennten Selbst – bist du nicht mehr da, um es zu erfahren!

47

F: Wenn du sagst „du bist nicht da“, was bedeutet das eigentlich?

Um es einfach zu sagen: Dass Zukunft und Vergangenheit nicht hier sind. Dieses schwere Gefühl von mir als einzelner Person in der Welt ist nicht vorhanden. Da ist nur, was passiert. Und da ist niemand, um das zu wissen. Es kann einfach nicht gewusst werden. Es ist ein Sprung ins Unbekannte, in dem wir sowieso immer sind.

F: Aber du denkst noch? Denken geschieht noch?

Nun ja, Gedanken kommen noch auf. Es ist den Gedanken erlaubt, sich zu zeigen. Aber sie stellen kein Problem mehr da, weil da niemand mehr ist, der die Gedanken dazu benutzt, um aus ihnen eine Identität zu bilden.

Wir wachsen in der Welt auf und greifen nach Dingen. Wir versuchen, etwas aus uns zu machen. Das ist die wirkliche Situation des Menschen: Der Versuch, jemand zu sein, etwas zu sein, etwas zu besitzen, an etwas festzuhalten. Wenn all das wegfällt, (er)löst sich alles, dann kann es schließlich es selbst sein ohne festzuhalten. Darin kann natürlich alles auftauchen. Gedanken, Geräusche, Gerüche, Empfindungen im Körper. Aber da ist nicht das Gefühl, dass etwas davon mir gehört, nicht das Gefühl, dass ich ein Einzelwesen bin, das etwas davon kontrollieren kann.

Also, Geräusche ereignen sich aber da ist niemand, der sie hört. Da ist niemand, der denkt: „Ich tue das! Ich höre!“ Das „Ich“ im Zentrum meines Lebens wird als Illusion erkannt. Aber das bedeutet nicht, dass das Leben aufhört. Leute haben die Idee, dass alles aufhört, wenn die Befreiung passiert. Nein, ganz und gar nicht. Es ist ein Aufschließen. Eine Öffnung hin zu dem, was ist. Ein Erlauben dessen, was ist. Aber es ist nichts, was du tust. Und das ist am schwersten zu akzeptieren!

F. Was ist mit deiner Persönlichkeit passiert?

Durch sie wird hindurchgesehen. Was erkannt wird, ist, dass es nichts Festes, genannt „ich" gibt.

F: Aber du hast immer noch Vorlieben und Abneigungen; sie dominieren dich nur nicht mehr?

Ja, das alles wird sehr spielerisch. Du spielst Jeff zu sein, wenn es notwendig ist. Dieser Jeff Darsteller, wo ist er? Er ist nur ein Gedanke, der gerade passiert. Das ist kein besonderer Zustand, in dem ich bin. Er ist für uns alle wahr: Du bist bloß ein Gedanke. Deine ganze Vergangenheit und Zukunft ist einfach nur ein Gedanke, der sich jetzt zeigt.

F: Bist du dir dessen bewusst, dass sich die Persönlichkeit verändert? Wird sie feiner? Verliert sie Ladung?

Es ist sehr schwierig darüber zu sprechen, ohne die Jeff Persönlichkeit zu etwas Besonderem zu machen. Das ist sehr gewöhnlich. Es ist ein Zurückfallen in etwas, das schon da war. Es war schon immer da, wir konnten es nur nicht erkennen. Wir waren so ans Spiel der Suche verloren, dass wir nicht erkennen konnten, was genau vor uns lag.

F: Ich habe einige Zeit mit Leuten verbracht, die glauben, dass sie in einem erleuchteten Raum sind, in einem erwachten Space, oder wie immer man das nennen will. Und es gibt keinen Zweifel, dass da etwas Besonderes vor sich geht. Und trotzdem sehe ich manchmal, dass ihre Persönlichkeiten die Sache über-

nehmen. Mich interessiert, ob sich die Persönlichkeit mögli-
cherweise so entwickeln kann, dass das keinen Einfluss mehr
hat.

Indem das gesehen wird, indem gesehen wird, dass es kein
„Ich" im Zentrum meines Lebens gibt – und das ist die Grund-
lage, auf der unser ganzes Lebens aufgebaut ist – wenn das
wegfällt, kann es trotzdem noch so aussehen, als ob der Verstand oder das Denken oder die Persönlichkeit, wie immer du
das auch nennen möchtest, Dynamik hätte. Alles, was der Verstand je gekannt hat, ist das Suchen. Das kann also zurückkommen. In dem Augenblick, in dem du denkst, dass du erwacht bist, bist du es nicht, weil der Verstand wieder eintritt.

F: Weil du denkst, dass du erwacht bist. Du denkst, dass du
besonders bist, du denkst, dass du getrennt bist.

Genau. Solange du denkst, dass du erwacht oder erleuchtet
oder befreit bist, ist da ein „Du", das das denkt. Es ist das
Schwierigste, die Idee des persönlichen Erreichens gehenzulas-
sen. Ich habe lange gedacht, dass ich erleuchtet bin. Und weißt
du, das war einfach nur eine Überzeugung. Das war Trennung.
„Ich bin erleuchtet und du bist es nicht!" Trennung. Und damit
war ein Gefühl der Überlegenheit verbunden. Ich dachte, dass
ich etwas Besonderes hätte. Aber all das fiel auch weg. Es war
nicht wirklich. Es war die letzte Illusion, die wegfallen musste.
Aber es war eine Illusion. Das Ego liebt es, sich erleuchtet zu
fühlen. Dann kann es um die Welt ziehen und allen erzählen,
dass es erleuchtet ist!

F: Natürlich ist das ein großartiger Partytrick!

Ist es. Und was hier gesehen wurde ist, dass da kein „Ich" ist, das erleuchtet sein kann oder nicht.

F: Entwickelt es sich graduell – ich weiß, dass das nicht das richtige Wort ist. Bildet es sich heraus? Bemerkst du Veränderungen? Ist darin Bewegung?

Da ist nur, was stattfindet, alles andere verblasst in den Hintergrund hinein. Im *dem* ist es bereits vollständig. Es wird erkannt, dass das Leben bereits komplett ist. Und im Sehen dessen fällt das, was nicht real ist, einfach weg, es verbrennt. Es kann so aussehen, als ob es Zeit benötigt. Aber es wird in aller Deutlichkeit gesehen, dass es nur das Jetzt gibt. Da ist nur das. Und deshalb fühlt es sich nicht mehr wirklich an, über den Jeff zu reden, der sich verändert.

F: Ich erinnere mich daran, mit jemandem gesprochen zu haben, dem etwas sehr bedeutsames geschehen ist. Für denjenigen war es so, als ob der Hintergrund zum Vordergrund wurde und der Vordergrund zum Hintergrund. Die Bezugspunkte veränderten sich, Dinge verbrannten und das Leben wurde aus einem anderen Blickwinkel gesehen.

Aber *das* ist immer dagewesen. Es ist kein neuer Bezugspunkt. Babys sehen das. Neugeborene sehen das.

F: Weil sie sich nicht getrennt fühlen, wenn sie geboren sind? Sie fühlen einfach ein Verbundensein?

Sie fühlen nicht einmal das. Da ist nur, was passiert. Da ist niemand, der sagt: „Ich fühle mich verbunden, ich fühle mich eins mit allem." Nein, da ist einfach Spontanität, nur das, was passiert. Als Erwachsene scheinen wir uns so weit von der Spontanität zu entfernen, dem Gefühl des Lebendigseins, dieser Einfachheit. In unserem Versuch jemand zu werden, werden wir so schwer, so ernst. Wir verfehlen das, was passiert, weil wir so beschäftigt damit sind nach mehr Ausschau zu halten, mehr für *mich*.

F. Ist das nicht das Spiel?

Das ist das Spiel.

F: Gibt es da einen Weg raus? Können Babys in dem Raum bleiben?

Ich glaube, es müsste möglich sein. Aber schau, es gibt in der Einheit keine Fehler. Das Spiel muss sich selbst zu Ende spielen. Die Trennung, das Leiden, sie müssen sich zu Ende spielen, damit sie gesehen werden können. Es ist ganz so, als ob Leiden und Trennung dazu da sind uns aufzuwecken. Ich schaue auf mein Leben zurück und auf das heftige Leiden und die intensive Suche. Seinerzeit war es furchtbar, aber rückblickend musste es einfach auf diese Weise passieren, weil es so passiert *ist* und aus keinem anderen Grund. Es gibt keine Fehler.

F: Vorhin haben wir über deine Lebensgeschichte gesprochen. Als du sehr unglücklich warst, bist du durch schwierige Phasen gegangen. Und verständlicherweise hast du dich der Meditation und der Selbsterforschung zugewandt, um da einen Weg raus zu finden.

Ganz genau. Die Suche war der Versuch, dem Elend zu entkommen, das ich empfand. Mein ganzes Leben lang war ich richtig unglücklich, so dass ich mit Mitte Zwanzig einen Punkt erreichte, an dem ich zusammenbrach. Es war ein so intensives Leiden, eine so große Qual. Die Sinnlosigkeit von allem wurde gesehen.

F: Die Sinnlosigkeit des Lebens, war das im Zentrum deiner Qual?

Ja. Es war die Schwere, eine getrennte Person zu sein. Ich habe das wirklich sehr stark gefühlt. Ich war sehr allein. Ich fühlte, dass sich die Welt nicht um mich kümmert. Ich habe niemals in irgendeine Beziehung gefunden. Ich war sehr allein.

F: Das Spiel hat für dich nicht funktioniert?

Es hat nicht funktioniert. Ich war mit einem scharfen Intellekt gesegnet. Ich war ganz schön clever, glaube ich. Aber abseits davon habe ich mich einfach nur gehasst. Ich hasste es, wie ich aussah. Das Leben fühlte sich wie eine Bürde an. Ich wollte morgens nicht aus dem Bett. Es war alles zu viel. Ich glaube, dass ich das die meiste Zeit meines Lebens so erfahren habe. Natürlich realisierte ich damals nie in vollem Umfang, wie schlecht es mir ging. Damals dachte ich nur: „Das ist, wer ich bin. Das ist mein Los."

F: Hast du an deiner Persönlichkeit gearbeitet? Irgendwer könnte behaupten, dass du von deiner Persönlichkeit her nicht richtig entwickelt warst, vielleicht aufgrund schlimmer Erfahrungen in deiner Kindheit.

Oberflächlich betrachtet hatte ich eine ziemlich glückliche Kindheit: Meine Eltern waren sehr nett zu mir. Ich hatte immer alles, was ich brauchte. Aber innerlich war das alles einfach zu viel für mich. Ich hasste, wer ich war.

F: Wenn du sagst: „Du hasstest, wer du warst", wie hast du gesehen, wer du warst?

Nun, das ist das Problem. Ich *wusste*, wer ich war!

F: Du hast dich also von allen anderen getrennt gefühlt, und du hast gespürt, dass es da draußen etwas gibt, womit du nicht in Berührung kommen kannst?

Ich habe mich immer wie eine winzige Person in einer riesigen Welt gefühlt. Ich fühlte mich vollkommen unbedeutend. Und ich denke, das ist eine ins Extrem getriebene Trennung. Dahin hat es mich gebracht. Wir alle fühlen das zu einem gewissen Grad. Wir alle fühlen uns wie kleine Menschen in einer großen Welt, einer Welt des Geborenwerdens und des Leidens, einer, in der man älter wird und stirbt.

F: Wir wissen, dass wir sterben werden, aber wir denken „ich nicht!". Für die meisten von uns scheint der Tod weit weg zu sein.

Wir versuchen, ihn beiseite zu schieben. Wir versuchen, nicht darüber nachzudenken. Aber er zeigt sich auf andere Weise. Er zeigt sich als Leid und Sorgen.
Das Bemühen, dem Tod zu entkommen, ist essentiell das Bemühen, dem Nicht(s)-Sein zu entkommen. Darum fürchten wir den Tod: Er ist buchstäblich ein Sprung ins Nichts. Und das Nichts kann nicht gewusst werden. Der Verstand hingegen

arbeitet im Reich des Bekannten. Wir fürchten, was wir nicht kennen.

F: Das, was wir nicht verstehen?

Ja, das ist dasselbe. Was wir wissen und verstehen, können wir kontrollieren. Der Tod zeigt uns aber, dass es keine Kontrolle gibt. Tod und Krankheit haben eine merkwürdige Art uns zu zeigen, dass hier etwas anderes vor sich geht, etwas, dass jenseits unserer Kontrolle liegt. Darum verbringen wir unser Leben damit – und wir erkennen natürlich nicht, dass wir das tun – der Erkenntnis zu entkommen, dass wir nichts sind. Auf einer Ebene wissen wir alle, dass wir nichts sind. Wir alle waren Babys. Wir haben alle von der Unschuld gekostet, dieser fehlenden Festigkeit, dieser Offenheit, dem Empfinden, nichts im Speziellen zu sein. Und essentiell ist diese Unschuld, die Frische, die Offenheit nicht verloren gegangen. Sie ist nur durch das Spiel der Suche verdunkelt worden, offenbar. Vom Spiel, eine getrennte Person zu sein, ein von der Welt getrennter Mensch. Aufgrund dieser Illusion, dieser Annahme, hat das ganze Leiden angefangen. Für mich haben das Leiden und die Trennung einen kritischen Punkt erreicht und der war da, als die andere Möglichkeit anfing durchzuscheinen. In diesem besonderen Fall hat es den Punkt der absoluten Verzweiflung erreichen müssen.

F: Es ging also ins Extrem und etwas war in der Lage umzudrehen?

Ja, entweder transformieren oder umbringen. Eine andere Möglichkeit gab es nicht.

F: Das klingt ganz schön dramatisch!

Ja. Veränderung oder Selbstmord.

F: War das eine Entscheidung, die du zu treffen hattest?

Wenn man es erzählt, klingt es immer so, als ob wir eine Wahl haben. Aber natürlich haben wir das niemals. Es musste auf die Weise passieren, wie es passiert ist. Darin gibt es keine Fehler. Das ist die Illusion, das ist es, wo alles Leid anfängt: Mit dem Gefühl, dass ich eine vereinzelte Person bin, die wählen kann. Mit dem Gefühl, dass Dinge in der Vergangenheit hätten anders passieren können. Das schließt ein, dass *das*, was gerade passiert, nicht so sein sollte, wie es ist. Wenn gesehen wird, dass nichts anders geschehen konnte, ist es dasselbe, wie zu sagen, dass *das hier* genauso sein muss, wie es ist. Dass *das* nicht anders sein könnte.

F: Was passierte, nachdem du den kritischen Punkt erreicht hattest?

Nun, ich wurde ganz schön krank und hatte eine ziemlich ernsthafte Form von Drüsenfieber. Und eines Tages brach ich im Badezimmer zusammen. Ich hatte Blut gespuckt und wurde ohnmächtig. Ich kam in einer Blutlache wieder zu mir, versuchte mich zu bewegen und realisierte, dass ich gelähmt war. Ich dachte: „Das war's. Jetzt sterbe ich." Und da war was dran – so in etwa, wie kostbar das Leben ist, und wie schnell es zu Ende sein kann – etwas davon blieb bei mir. Ein paar Tage später, ich lag im Krankenhaus und fühlte mich viel besser, war da etwas, was von der Erfahrung nachklang. Mein ganzes Leben lang hatte ich niemals realisiert, wie kostbar es ist, einfach lebendig zu sein. Ich habe das als selbstverständlich betrachtet.

Die Einfachheit dessen, die Tatsache, dass ich überhaupt lebendig bin, wurde in meinem Bemühen, *jemand* in der Welt zu sein übersehen. Etwas an der Erfahrung aus dem Badezimmer hat mich getroffen, der Geschmack des Todes und wie nah er war, und wie einfach all das wegfallen könnte. Etwas über die Unbeständigkeit unseres Lebens. Die Krankheit war einfach aus dem Nichts gekommen, aus dem Nichts. Zu der Zeit hat mich das verängstigt: wie einfach einem all das genommen werden kann.

Mein Leben lang war ich bekennender Atheist. Das Wort „Spiritualität" bedeutete mir nichts. Ich dachte an Hexen und Kobolde und Ghule, ich hatte keine Ahnung! Religion erschien mir lächerlich. Und ich erinnere mich daran, dass am Krankenhausbett eine Bibel lag und ich fand mich dabei vor, wie ich sie nahm, die Seiten umschlug und die Worte Jesu las und zum ersten Mal in meinem Leben waren das nicht einfach nur leere Worte, es war nicht einfach nur ein menschgemachter Unsinn, da war was dran, etwas über das Ewige Leben, etwas über seine Kostbarkeit, etwas über, nun ja, über etwas jenseits oder dahinter. Zu der Zeit wusste ich nicht, was es war, aber es gab da eine *Resonanz*. Und ich musste es „da draußen" finden.

F: Wenn du sagst, dass die Suche begann, welche Form nahm das an?

Nun, ich war mein Leben lang ein Suchender. Der Einzelne *ist* der Suchende. Aber an diesem Punkt begann die spirituelle Suche. Nachdem das Feuer erst einmal entzündet war, gab es keinen Weg mehr zurück. Ich ging wieder zu meinen Eltern nach Manchester, um mich von meiner Krankheit zu erholen und schloss mich für ungefähr ein Jahr in meinem Zimmer ein.

F: Das ist ziemlich extrem!

Ich war eine äußerst extreme Person! (Lacht) Ich war gesegnet
– oder verflucht, ich weiß es nicht – mit einem sehr ausgepräg-
ten Intellekt. Ich bin an der Universität von Cambridge ge-
schult worden. Ich war sehr schlau und wenn ich erst einmal
Hand an etwas gelegt hatte, musste ich es auseinandernehmen.
Ich musste mich ganz darauf einlassen – so war ich. Als das
Feuer erst einmal brannte, war es so intensiv, das ich es nicht
mehr löschen konnte. Ich fing mit den grundlegenden Büchern
über Buddhismus, Christentum, Bücher über Meditation und
Selbsterforschung an – und dann, oh, alles, ich meine alles! Ich
versuchte alles!

*F: Meinst du, dass du für eine gewisse Zeit eine bestimmte
Meditationsform ausprobiert hast und dann eine bestimmte
Religion ...?*

Ja, und ich begann, alle möglichen „spirituellen Erfahrungen"
zu machen. Kurze Einblicke ins Einssein, die Aufhebung des
Selbst, starkes Mitgefühl; manchmal brach ich einfach stun-
denlang in Tränen aus, überwältigt von der bloßen Schönheit
des Ganzen. Und es gab auch Zeiten großer Verzweiflung. Da
wurde die Unbeständigkeit von allem gesehen. Es wurde gesehen, dass ich nicht da bin. Es wurde gesehen, dass die ganze
Suche tatsächlich sinnlos sein könnte. Es war eine hochdrama-
tische Zeit. Alte Glaubensmuster fielen langsam weg, Glaubensmuster, die ich ein Leben lang hatte. Ich begann zu sehen,
dass ich nicht der war, der ich zu sein glaubte.

*F: Hast du dich mit dem, was passierte, grundsätzlich wohl
gefühlt?*

Ich kann nicht sagen, dass ich es positiv fand. Am Anfang war das alles sehr spannend, aber zum Ende hin wurde es ziemlich widerlich. Die Suche wurde so angestrengt. Aber ich wusste, dass ich nicht aufgeben kann. Ich wusste das.

F: Wenn du angestrengt sagst, meinst du damit, dass du immer extremere Sachen gemacht hast? Hast du immer mehr meditiert?

Es war dem Sinn nach angestrengt, dass ich mich vom gewöhnlichen Leben abgeschnitten habe. Von gewöhnlichen menschlichen Beziehungen. Von den einfachen Dingen. Um ehrlich zu sein: Ich erinnere nicht viel aus dieser Zeit. Es geschah so vieles und vieles fiel weg. An einem Punkt wurde ich zum militanten Veganer! Ich untersuchte einfach alles, suchte nach Antworten. Ich wusste, dass die Antworten nicht auf die Weise gefunden werden konnten, wie ich bisher gelebt hatte. Sie konnten nicht durch einen guten Job gefunden werden oder dadurch, dass ich ein nettes Mädchen zum Heiraten fand. Sie konnten nicht auf den Wegen oder an Orten gefunden werden, an denen ich sie vermutete. Das wurde klar erkannt.
Es erreichte einen Punkt solcher Intensität, dass meine gesamte Identität von der Tatsache verzehrt wurde, dass ich ein spirituell Suchender war. Das war *ich*. Ich tauschte meine alte Identität gegen eine neue aus. Ich dachte, dass ich von aller Identität frei werden würde, aber was ich nicht sehen konnte war, dass dieses „ich bin ein spirituell Suchender" die Identität stärker machte als je zuvor. Es war wieder etwas, woran ich mich festklammern konnte.

F: Aber es hat deine Welt geöffnet, dir neue Horizonte erschlossen.

Die spirituelle Suche hatte so vieles ge- und eröffnet. Aber da war immer noch das Gefühl, eine getrennte Person zu sein. Ich glaube, dass das Gefühl an diesem Punkt stärker war als je zuvor. Es war nicht mehr so schlimm aber ich vermute, dass ich auf eine andere Weise unglücklich war. Jetzt war ich unglücklich, weil ich die Erleuchtung nicht erreicht hatte. Ich war „spirituell" unglücklich.

F: Du warst sehr getrieben!

Sehr. Wenn heute Leute zu meinen Treffen kommen, um Fragen zu stellen, gut, ich habe all diese Fragen bereits gestellt, weißt du! Ich habe gesucht! Ich habe jede menschenmögliche Frage gestellt und nie eine Antwort gefunden. Naja, doch. Ich habe viele Antworten gefunden … und dann hatte die Suche wieder angefangen. Es schien diese unaufhaltsame Bewegung in die Zukunft zu geben. Das ständige Schauen nach etwas, von dem ich glaubte, es verloren zu haben.

Und jetzt wird das so klar gesehen: Solange da eine getrennte Person war, die nach dem Erwachen Ausschau hielt, war eine getrennte Person da! Und das war es, was ich nicht abschütteln konnte: die getrennte Person. Egal wie sehr ich es auch versuchte, allem Anschein nach konnte ich dieses „Ich" nicht loswerden, dieses getrennte „Ich". An einem Punkt habe ich es so deutlich gesehen: Solange das „Ich" da war, konnte ich nicht aufwachen. Dann war das Hauptaugenmerk darauf gerichtet, dieses „Ich" loszuwerden. Das Selbst an der Wurzel von allem loszuwerden. Was ich nicht erkennen konnte war, dass da ein Selbst ein Selbst loswerden wollte. Solche Teufelskreise des Denkens!

Und diese Kreise wurden immer subtiler. Die Suche ging auf immer subtilere Weise weiter. Während die Suche auf eine Weise durchschaut worden war, veränderte sie die Form und ging auf subtilere Weise weiter. Es war, als ob der Verstand nicht aufgeben wollte. Er wollte die Idee nicht aufgeben, dass „ich" schließlich eines Tages erwachen würde. Und alles, was ich sagen kann ist, dass das Ganze mitten in alldem irgendwie weggefallen ist. Aber ich kann sicher nicht sagen, dass es aufgrund von etwas geschehen ist, dass ich getan habe. In meinem Bemühen, das Wegfallen zu bewerkstelligen, habe ich das Gefühl von „mir" nur verstärkt.

F: Wenn du dich nicht so angestrengt hättest, wäre es trotzdem alles weggefallen?

Das ist die eigentliche Frage, oder? Es wurde so klar gesehen, dass es bereits da war, es war schon fertig. Das Erwachen, das Einssein, wie immer du es nennen magst, war bereits da. Aber es war nichts, was ich *haben* konnte. Es konnte nicht in Besitz genommen oder erfasst werden. Und ich habe es anscheinend im Bemühen verloren, es zu besitzen, es zu ergreifen.

F: Das ist ein fürchterliches Dilemma für einen spirituell Suchenden. Einerseits kannst du es nicht bekommen. Andererseits kannst du nicht damit aufhören. Du musst trotzdem dein Leben leben, deinem Herzen folgen, gehen, wohin dich das Leben stellt; du musst das trotzdem tun, und das ist das erstaunliche Abenteuer. Es ist sehr inspirierend, jemanden wie dich zu treffen, der all das getan hat, und wo sich dann etwas geöffnet und verändert hat. Und deine Traurigkeit, deine Depression ist verschwunden, warum auch immer.

Aber weißt du, die Schönheit all dessen ist, dass es *mitten* in der Verzweiflung gesehen wurde.

F: Ja, das kann ich verstehen.

Ich dachte, dass ich die Verzweiflung überwinden muss, *bevor* ich erwachen könnte. Es wurde erkannt, dass das *bereits hier* war, mitten in dem, was ich für mein Leben gehalten hatte, mitten im Herzen der Verzweiflung. Es wurde erkannt, dass es überhaupt nicht „mein Leben" war. Das da, egal was passierte, ein Frieden war, der niemals vergehen konnte, weil er nichts war, was ich *hatte*. Es war etwas, das einfach da war und es hatte nichts mit „mir" zu tun.

Es ist als ob es einfach hier sitzen und der Suche erlauben würde, sich selbst zu Ende zu spielen. Während meines Suchens und Leidens war da immer nur Einheit, und doch war ich nicht in der Lage das zu sehen. Obwohl ich es nicht gesehen habe, ist da immer nur Einheit gewesen!

Und trotzdem hat sich das ganze Spiel der Suche und des Leidens perfekt selbst ausgespielt. Das wurde auch gesehen: dass es nicht anders sein konnte. Die Suche hat sich selbst erschöpft, als sie fertig war. Als *sie* fertig war. Und es hatte nichts mit mir zu tun.

Ich erinnere mich daran, wie ich es zum ersten Mal in einem Stuhl sah. Ich war zuhause in meinem Schlafzimmer und realisierte, dass ich nie zuvor einen Stuhl gesehen hatte. Ich war zu beschäftigt damit, nach mehr Ausschau zu halten! Nach etwas für „mich". Etwas, dass sehr viel mehr war als ein Stuhl. Ich suchte nach Erleuchtung, Befreiung, Erwachen. Immer in der Zukunft. Und so verfehlte ich den Stuhl.

Und dann geschah etwas Merkwürdiges. Es war, als ob der Stuhl seine Geheimnisse offenbarte. Mit dem Wegfall der Suche offenbarte der Stuhl seine Geheimnisse. Es war Einssein, verkleidet als ein Stuhl! Es war überhaupt kein Stuhl! Wir nennen es einen Stuhl, und so müssen wir es nicht sehen. „Oh, ich *weiß*, es ist ein Stuhl, ich *weiß*, es ist ein Tisch …" Aber wenn all das wegfällt, ist es so, als ob darüber nichts gewusst werden kann. Es ist kein Stuhl. Es ist, was es ist. Alles wird sehr lebendig. Und trotzdem können wir es einen Stuhl nennen. Wir können trotzdem unsere gewöhnliche Sprache verwenden. Wir können trotzdem noch so funktionieren, als ob wir ein äußerst gewöhnliches Leben führen würden. Und trotzdem, darunter ist alles ein Wunder. Es ist nicht so, wie du es dir gedacht hast. In dem Augenblick, in dem du eine Idee hast, was es ist, ist es einfach nur eine Idee. Das ist zu lebendig, um jemals eingenommen zu werden, um jemals gewusst zu werden.

F: Und du hattest ein paar solcher ... Erfahrungen. Du hast in deinem Buch „Beyond Awakening" erwähnt, dass du eines Tages durch den Regen in Oxford spaziert bist und realisiert hast, dass du alles bist und zuhause bist. Tauchten solche Situationen öfters auf und wurden sie intensiver?

Als das zum ersten Mal gesehen wurde, war das alles sehr dramatisch. Es war schockierend zu erkennen, dass das Geheimnis von Anfang an hier war, mitten im Zentrum eines sehr gewöhnlichen Lebens. Dass das Außergewöhnliche immer im Gewöhnlichen verborgen war, in den gewöhnlichsten aller Dinge. Und als das zum ersten Mal erkannt wurde, war große Aufregung deswegen, ein Drama.

Unterdessen ist es alles recht gewöhnlich geworden. Es ist sehr sanft. Es ist immer im Hintergrund. Es ist nicht so dramatisch. Es ist so, als ob das Ganze in ein sehr gewöhnliches Leben zurückgefallen wäre, oberflächlich jedenfalls. Zu der Zeit gab es alle möglichen Erfahrungen. An dem Tag in Oxford durch den Regen zu laufen war einfach nur Liebe. Da war nichts anderes. Alles war eine Manifestation dessen und nichts war von dem getrennt, was ich für mich gehalten habe. Zu dieser Zeit war das sehr neu und sehr dramatisch. Aber all das ist jetzt nicht mehr da, heute ist es sehr sanft.

F: War da irgendeine Angst, als diese Dinge passierten?

Wenn die Person wegfällt, ist da nur was ist und es ist alles so klar, so offensichtlich. Es kann nicht gewusst werden und es kann nicht ausgesprochen werden, aber es ist unleugbar so.
Und dann kann der Verstand zurückkommen. Nur dann wird darüber gesprochen und geschrieben. Es sagt: „Ich hatte eine Erfahrung. Das ist *mir* passiert." Tatsächlich bist *du* gar nicht da gewesen! Es ist nicht *dir* passiert! Aus Angst kommt der Verstand zurück und versucht, das zu fassen. Er versucht, da Struktur reinzubringen, damit er sich sicher fühlen kann.

F: Der Grund, warum ich frage, hat mit dem Buch von Suzanne Segal zu tun, das ich vor ein paar Jahren gelesen habe: „Kollision mit der Unendlichkeit". Sie hatte eine ähnliche Erfahrung, würde ich sagen. Aber sie hatte auch extreme Angst. Vermutlich hatte die Angst mit dem Verstand zu tun?

Ja, es ist immer noch der Verstand, der sich da dranzuhängen versucht. Vielleicht ist das die letzte Taktik, die er hat: „Da gibt es etwas, wovor man sich fürchten muss!" Eigentlich ist da nur Angst. Nur die Angst taucht auf. Aber es gibt nichts *zu* fürchten.

F: Wie ist das für dich, hast du manchmal Angst?

Hier kann alles auftauchen. Furcht und Angst, nein, nicht mehr wirklich. Der Punkt ist aber, dass darin *alles* erlaubt ist. Zorn, Furcht, Freude, Traurigkeit – alles ist erlaubt. Alles kann kommen. Es ist, als ob alles genau dann erlaubt ist, wenn es sich zeigt, weil da einfach niemand ist, der sich dem zu widersetzen versucht, dagegen anzukämpfen versucht oder daraus seine Identität bezieht. Wenn z.B. deine Mutter gestorben ist, könnte da Traurigkeit sein. Die Leute haben die Idee, dass die Befreiung ein Zustand ist, in dem man nichts mehr wirklich fühlt. Dass es ein Ort des Nichtvorhandenseins ist, wo sich nichts mehr auf dich auswirken kann. Das ist ein Haufen Mist! Das ist eine weitere Idee, ein anderes Konzept. Einssein lässt alles zu. Wie könnte es nicht? Es *ist* alles! Also kann auch Traurigkeit da sein. Und wenn Traurigkeit da ist, ist Traurigkeit da. Aber da ist niemand, der mit der Traurigkeit etwas anzustellen versucht. Und dann passiert etwas Merkwürdiges: Die Traurigkeit lebt ihr eigenes kleines Leben und verbrennt sich dann selbst, in ihrer eigenen Zeit.

F: Das hat keine Ladung?

Keine Ladung. Und darin kann die Traurigkeit vollkommen traurig sein! Mitten in der Traurigkeit kann gesehen werden, dass da Traurigkeit ist und dass da dennoch keine Traurigkeit ist. Das ist ein Ort, den der Verstand niemals erreichen kann. Da ist Traurigkeit, weil da aber niemand ist, der traurig ist – da ist keine traurige Person – ist die Traurigkeit eigentlich gar nicht da. Um es Traurigkeit nennen zu können, muss da bereits eine Person sein, die es irgendwie nennt, die es bezeichnet. Es ist unmöglich, darüber zu sprechen und unmöglich, es zu verstehen. Dass da Traurigkeit ist und keine Traurigkeit, beides zur selben Zeit.

F: Es ist die fehlende Identifikation oder? Ist es, als ob du es einfach beobachten würdest?

Alles wird registriert. Das ist anstrengungslos. Wir glauben, dass wir das Hören tun, dass wir das Sehen tun, dass wir das Atmen tun. Tatsächlich passiert das alles einfach, anstrengungslos. Hier ist eine Intelligenz am Werk, die vollkommen über den Verstand hinausgeht. Der Verstand hat keine Möglichkeit, das zu erfassen. Es ist, was das Herz schlagen lässt. Es ist, was atmet.

F: Der menschliche Körper ist ein unglaublich komplizierter Mechanismus.

Und das am schwersten zu akzeptierende ist, dass der Körper uns nicht braucht. Er braucht unsere Suche nicht, es braucht unser Leiden nicht, es braucht unsere Identität nicht. Er funktioniert anstrengungslos ohne uns. Das zu hören ist das Schlimmste für jemanden, der sehr an seinen Lehren hängt, an seinen Spielen des Werdens – zu hören, dass du irrelevant bist, dass du abwesend bist.

Und trotzdem ist es keine kalte, tote, nichtverbundene Abwesenheit. Es ist eine sehr lebendige, übervolle Abwesenheit. Es ist eine Abwesenheit, die voll von allem ist, was passiert. Tatsächlich ist diese Abwesenheit eine vollkommene Präsenz. Deshalb sprechen wir davon, gegenwärtig zu sein, im Jetzt zu sein. Aber wenn du vollkommen gegenwärtig bist, bist „du" nicht da. Deshalb kannst „du" nicht wirklich präsent sein. Es ist nichts, was „du" tun kannst. In der Abwesenheit von „dir" ist Präsenz.

F: Das ist eines der ersten Dinge, die du lernst, wenn du dich auf den spirituellen Weg machst: präsent zu sein.

Ja, aber hier wurde erkannt, dass *nur* Präsenz ist. Es ist nichts, was du haben oder dem du näherkommen kannst. Alles passiert bereits in dieser Präsenz. Selbst das Suchen und das „Nicht-präsent-sein" finden in der vollkommenen Präsenz statt! Die Präsenz umarmt bereits alles. Sie verneint nichts, sie widersteht nichts. Sie gestattet selbst dem größten Leiden, sich zu Ende zu spielen.

Im Bild von Jesus am Kreuz sehen wir, dass inmitten des größten Leidens, das einem Menschen möglich ist, das sich genau im Zentrum davon die Ewigkeit befindet. Die Ewigkeit kann nicht durch das Fliehen vor dem Leiden gefunden werden – sie befindet sich mitten im Leiden. Daher kann inmitten des intensivsten Leidens erkannt werden, dass da niemand ist, der leidet.

F: Aber es sieht so aus, als ob es in der Welt viel Leiden gibt. Kürzlich haben wir im Fernsehen viel Leidvolles aus Burma und China gesehen, wegen des Zyklons und des Erdbebens. Menschen haben ihr Zuhause und ihre Angehörigen verloren, Menschen wurden verletzt und es gab keine medizinische Hilfe. Wirkt sich das überhaupt auf dich aus?

Ich bin es selbst in Burma. Ich bin es im Erdbeben. Ich selbst sterbe in Afrika. Manchmal hören Leute etwas von der Nondualität und denken, dass es darum gehen würde, sich zurückzuziehen und nichts zu tun. Sie denken, dass es darum geht, sich überheblich zurückzulehnen und zu sagen: „Oh, das ist nur ein Traum. Es ist nur eine Geschichte. Da ist niemand, der leidet, also warum überhaupt irgendwas tun?"

Wenn tatsächlich klar erkannt wird, dass da niemand ist, der leidet und dass das Leiden einfach eine Geschichte ist, kann sich daraus anstrengungsloses Handeln ergeben, da zu helfen, wo Hilfe benötigt wird. Aber das passiert aus einer Position heraus, aus der du einfach nicht weißt. Es kommt aus dem Nichtwissen. Das Einssein erkennt sich selbst im Gesicht des hungernden Kindes und kann sich bewegen, um sich selbst zu helfen, nicht aus Mitleid, nicht, weil es eine gute Person sein will; das hat damit nichts zu tun. Es kommt nicht von einer festgelegten Moral her. Aber indem gesehen wird, dass alles

Eins ist – und das ist das Mysterium des Universums – bewegt es sich irgendwie, um sich selbst zu helfen. Weil es sich selbst als das hungernde Kind, als das Erdbebenopfer erkennt. Und so bewegt es sich, um etwas zu tun, wenn es möglich ist.

Oder nicht. Es könnte sich auch nicht bewegen, verstehst du? Es gibt einfach keine Möglichkeit zu wissen. Es kommt von einem Ort ohne Denken. Es kommt nicht von dort, wo ich getrennt von dir bin, wo ich leide, weil du leidest, wo ich Mitleid mit dir habe und eine gute Person sein möchte. Nein, das Universum braucht so etwas nicht. Es braucht unser Mitleid nicht. Es braucht unser Leiden nicht zusätzlich zu ihrem Leiden.

Das in aller Klarheit zu sehen, beendet es. Und dann kann es eine Bewegung geben zu helfen, oder auch nicht.

F: Und welche Form könnte die Bewegung annehmen?

Es ist nicht möglich, das im Voraus zu wissen. In dem Moment, in dem du eine Idee davon hast, was du tun solltest um zu helfen, in dem Augenblick, in dem du eine fixe Tagesordnung hast, hörst du auf zu sehen. Wenn du z.B. denkst, dass es das Wichtigste auf der Welt ist, den Amazonas Regenwald zu bewahren, und wenn das alles ist, worüber du jemals nachdenkst, könntest du die kleine alte Frau übersehen, die gerade die Straße überquert und jetzt deine Hilfe braucht. Weil du mit einer festgelegten Idee davon kommst, was richtig und was falsch ist, könnte es gut sein, dass du die alte Frau übersiehst, die wichtiger als alle Regenwälder zusammen ist, weil sie gerade genau vor dir steht und auch du ist.

Es gibt also keine Struktur. Ich verstehe es nicht, niemand versteht es, es ist einfach das Mysterium der Schöpfung. Es ist Gott, der sich überall selbst sieht.

F: Was motiviert dich also? Du sprichst und schreibst Bücher. Was lässt dich weitermachen?

Ich weiß wirklich nicht, woher das kommt. Wenn ich ehrlich bin, fühlt es sich so an, als ob alles einfach passiert. Das ist alles jenseits meiner Kontrolle. Jeff hätte das niemals tun können. In dem Augenblick, in dem Jeff versucht hätte, das zu ermöglichen, wäre er grandios gescheitert. Es könnte sich so anhören, als ob ich versuchen würde besonders clever zu sein, es so zu formulieren, aber so fühlt es sich wirklich an. Es fühlt sich wirklich anstrengungslos an. Es entfaltet sich einfach, es entwickelt sich und ich weiß wirklich nicht, wie es passiert oder warum es passiert. Aber es passiert. Der Ausdruck der Nondualität scheint aus diesem Mund zu kommen und es ist immer eine Überraschung.

F: Du hast vorhin gesagt, dass du sehr schüchtern warst. Du hast in Cambridge Astrophysik studiert und du hast das auch getan, weil du nichts mit Menschen zu tun haben wolltest. Und hier sprichst du ohne Unterlass, kein Problem!

(Lacht) Ich weiß! Es ist erstaunlich. Ich weiß es einfach nicht. Ich sitze hier in unseren Treffen und spreche jetzt mit dir, und die Worte kommen einfach raus.
Um es in Worte zu fassen: Es ist, als ob ich mich zurücklehnen würde und mitkriege, wie sich die Worte sprechen. Manchmal bin ich schockiert, was da rauskommt. Da ist so ein Gefühl wie: „Ich hätte das nicht tun können, ich hätte das nicht gesagt."

F: Wenn du den wahren Genies unserer Zeit zuhörst, den Einsteins dieser Welt, dann sagen sie, dass sie ihre eigenen Ideen nicht wirklich erschaffen, dass ihre Ideen einfach aus dem Nichts kommen.

Alles taucht aus dem Nichts auf.

F: Du bist wie ein Vehikel.

Aber das hat nichts mit „mir" zu tun. Es erscheint alles mühelos. Es spricht über sich selbst! Es macht keine Mühe darüber zu sprechen, weil es (darüber) nichts zu sagen gibt! Worüber wir hier sprechen, ist nichts. Es ist kein Objekt. Es kann nicht festgemacht werden. In dem Augenblick, in dem wir darüber das erste Wort äußern, sind wir schon im Traum. Und wenn das einmal vollkommen klar erkannt ist, wenn erkannt ist, dass darüber nicht gesprochen werden kann, tauchen die Worte wieder auf. Frage mich nicht, wie das passiert! Sie scheinen zu kommen. Um es in Worte zu fassen: Ich lehne mich zurück und sehe dabei zu, wie die Worte kommen und ich weiß nicht, was als nächstes kommen wird.

Viele Künstler sagen das: Wenn sie im Fluss sind, wenn sie wirklich tun, was sie tun, kommt die Kunst einfach aus dem Nichts, sie tut sich selbst, sie erscheint aus dem Nichts. Es ist ganz so, als ob wir am Punkt der Schöpfung und Zerstörung sind, und all das passiert jetzt. Das ist Schöpfung und Vernichtung, und es kann nicht *gewusst* werden.

Und das ist die Schönheit von alldem: Wenn es verstanden werden könnte, würde es etwas sein, eine Sache. Es wäre ein Konzept. Das ist einfach reines Nicht-wissen. Und in der Abwesenheit der Suche entfaltet sich das Mysterium von selbst, nicht nur beim Sprechen, sondern in allem.

In diesen Blumen und diesem Boden und diesem Stuhl und diesem Tisch. In allem. Alles ist das Mysterium.

Es ist etwas, dass aus dem Nichts kommt. Die Tatsache, dass das überhaupt passiert, ist das Wunder.

F: Aus mathematischer Sicht könnte unser Planet das menschliche Leben nicht beherbergen, wenn er nur ein bisschen anders wäre, als er es ist. Und das ist eines der Dinge, die wir vergessen: die zerbrechliche Balance von allem. Das ist das Gefühl, das du mir vermittelst: Alles passiert einfach und wir wissen nicht, warum es passiert. Es ist einfach, wie es ist. Und vor ein paar Jahren ereignete sich für dich so etwas wie eine Verschiebung und obwohl nicht viel passierte, war es signifikant. Es geht darum zu realisieren, wie kompliziert und fein abgestimmt alles ist.

Und wie wertvoll.

F: Ja

Und wie weit wir während der Suche davon wegkommen, in unserem Bestreben, *jemand* zu sein. Die Kostbarkeit genau im Herzen des Lebens. Die Kostbarkeit, die immer hier ist. Wir verfehlen sie. Wir sind zu beschäftigt damit, etwas zu wollen. Tatsächlich ist mir nichts passiert. Nichts hat sich geändert. Trotzdem ist da ein Leben, das gelebt wird. Da ist einfach niemand, der dieses Leben lebt. Es wird gelebt. Es lebt sich selbst. Es ist Einssein, das sich selbst in der Form eines offensichtlich getrennten Individuums zum Ausdruck bringt. Essentiell gibt es zwischen dir und mir keinen Unterschied. Einssein schaut durch die Augen hier und durch die Augen dort „raus". Und das Einssein hat keine Vorlieben. Es ist gleichermaßen „glücklich" durch die Augen *hier* zu sehen und durch die Ohren *hier* zu hören, wie durch die Augen *dort* zu sehen und durch die Ohren *dort* zu hören.

Das einzige, was uns ganz offensichtlich trennt, ist die Geschichte von „mir". Eine Geschichte, die so zerbrechlich ist, kann einfach so wegfallen und nichts als Gegenwart zurücklassen. Das ist das Geheimnis, das sich mitten im Herzen der Dinge befindet, mitten in der Unordnung des menschlichen Lebens. Und wenn das gesehen wird, ist es schockierend, weil es alle Suche zerstört und dich hier zurücklässt, vollkommen präsent und vollkommen abwesend.

Die Leute verirren sich dermaßen. Das ist auf eine Weise traurig, andererseits erstaunlich.

Aber es kann tatsächlich nicht anders sein. Vielleicht sind Leiden und Suchen nur da, um uns genau das zu zeigen. Vielleicht ist nichts fehl am Platz. Vom Urknall an – und der sich daraus ergebenden Kostbarkeit und Zerbrechlichkeit – ist niemals etwas fehl am Platz gewesen.

Interview von Iain McNay
Conscious TV
www.conscious.tv

Das …

Ich spreche mit einer Frau. Sie erzählt mir von
einer ihrer Leidenschaften. Ihr Traum ist es, eines
Tages ein kleines Hotel zu besitzen und zu betrei-
ben, ein Bed and Breakfast am Meer. Ich bemerkte,
dass sich ihre Augen mit Tränen füllen, als sie mir
von ihrem Traum berichtet. Und dann bemerke ich,
dass in diesen Augen ebenfalls Tränen aufsteigen.
Es ist, als ob das, was sich *dort* ereignet, *hier*
gespiegelt wird. Weil sich nichts in den Weg
stellt, ist hier nur noch eine totale Offenheit für
andere, einfach ein offener Raum, der alles willkommen heißt, was erscheint. Ihre Augen füllen sich
mit Tränen, meine Augen füllen sich mit Tränen, was
ist der Unterschied?

Wenn hier niemand ist, ist da nichts, um „dich"
nicht durchzulassen. Weil da kein „Ich" ist, gibt
es auch kein separates „Du". Da sind einfach nur
Stimmen, Gesichter, das Aufsteigen von Tränen, oder
nicht. Einfach, was passiert. Was passiert, erfüllt
den ganzen Raum. Als die Frau mir ihre Geschichte
erzählte, wurde ich zu ihr. Ich sehnte mich nach
einem kleinen Hotel am Meer. Es war, was mein Herz
wirklich verlangte. Ich spürte die Leidenschaft
tief in meinen Knochen und die Tränen kamen.

Ich sehe fern. Es ist eine Spielshow. Eben hat ein
Mann eine Menge Geld gewonnen. Er sagt, dass er es
dafür verwenden wird, mit seiner Familie Urlaub zu
machen. Sie sind nie zuvor im Urlaub gewesen. Der
Mann lacht und brüllt und weint vor Freude. Hier
lacht und brüllt und weint es vor Freude. Es gibt

nichts, was uns trennt. Oh, meine Familie wird so glücklich sein, wenn sie es rauskriegt!

Bilder der Hungersnot im Fernsehen. Ein junges somalisches Mädchen, nur Haut und Knochen, mit ausgehöhlten Augen und Armen wie Streichhölzern, starrt in die Kamera. Da ist nichts, um dieses arme Kind auszublenden. Ich bin das Kind. Ich starre auf mich selbst. Sie tritt in mich ein und alles heilt sich selbst.

Ich bin im Zug. Ein glatzköpfiger Mann schreit mich grundlos an. Ich denke, dass er betrunken ist. Er zeigt seine Faust. Sein Gesicht ist vor Ärger rot. Ich bin der Mann. Ich fühle den Ärger, die Gewalt, und darunter die Sorge, die Angst, das Zusammengezogensein, das mit dem Gefühl einhergeht, eine getrennte Person zu sein. Ich bin dieser Mann gewesen. Ich bin jetzt dieser Mann. Er ist ich selbst. Er ist gekommen, um mich auf dem 12.23 Uhr Zug nach Brighton zu treffen.

Dann hört die Frau auf, von ihren Bed-and-Breakfast-Träumen zu sprechen und die Tränen sind weggewischt. Es gibt keine Erinnerung an sie. Alles ist blank gewischt und es beginnt von Neuem.

Die Spielshow geht zu Ende und ich schalte auf einen Shoppingkanal um, und das Lachen und die Freude, das Geld und die Familie sind ausgelöscht und jetzt ist da nur Begeisterung für Artikel Nummer 176387, *was für herrliche Farben!* Es wird vom Shoppingkanal verschluckt und die Spielshow verschwindet, ohne eine Spur zu hinterlassen. Die Spielshow

mag sich meinetwegen vor einer Million Jahre zuge-
tragen haben: *das* ersetzt alles.

Es klingelt an der Tür und ich verlasse das Bild
vom hungernden Kind. Es ist mein Freund an der Tür.
Das hungernde Kind ist weggewischt und mein Freund
tritt an seine Stelle. Die Schönheit besteht darin,
dass es alles und nichts ist. Es ist nichts Be-
stimmtes. Eine Sache ersetzt die nächste, und es
gibt keine Möglichkeit zu wissen, was als nächstes
kommt. Freund ersetzt sterbendes Kind, Ladenbesitzer ersetzt Bruder, Katze ersetzt Ladenbesitzer. Es
taucht aus dem Unbekannten auf, unschuldig, spielerisch, unaufhörlich.

Ich verlasse den zornigen Mann. Der Ärger verschwindet augenblicklich. Es ist, als ob es nie
passiert wäre. Etwas anderes tritt an seine Stelle.
Und dann wieder etwas anderes und wieder etwas anderes. Hier gibt es genug Platz für eine ganze
Welt. Freude, Ärger, Angst, Traurigkeit, Lachen,
Tränen. Alles ist hier willkommen.

Ich habe nicht mehr die Möglichkeit, das Leben ab-
zuweisen. Weil hier niemand ist. Da ist nur unverfälschte, unbearbeitete, unzensierte, ungefilterte
Erfahrung. Und das lässt sich nicht einmal „Erfahrung" nennen. Da ist nur *das*, es passiert niemandem. Niemand vergießt Tränen, niemand empfindet
Ärger, niemand sieht fern.

Aber es ist keine leere Leere. Es ist ein Raum, der
ständig vom Leben erfüllt ist. Von der Frau, die
ein kleines Hotel am Meer haben möchte, vom hungernden Kind, von meinem Freund an der Tür. Dir

bietet sich die Solidität, die mir fehlt. Die Geschichte von Zeit und Raum ist hier tot, aber du hältst sie für mich am Leben. Hier ist niemand, aber dann betrittst du das Bild, und plötzlich ist „hier ist niemand" – wie jedes Konzept – nicht mehr wahr.

Wenn du nicht bist, was ist dann anderes da als alles, was ist?

Wenn der Zeuge in alles hinein zusammenbricht, was bezeugt wird, wenn die Aufmerksamkeit in ihre Inhalte hinein zusammenbricht, dann ist alles, was bleibt, eine tiefe und totale Faszination für das, was passiert.

3
Eingeständnis / Bekenntnis 1

* * *

Es gibt nur *das*. Nur das, was passiert.

Für die Person kann das unglaublich deprimierend klingen.
Und dennoch, wenn es in aller Klarheit vernommen wird, ist es
explosionsartig befreiend.

* * *

Befreit geht das Leben weiter,
nur dass du dann nicht mehr da bist.

Das Leben lebt sich selbst,
wie es das schon immer getan hat.

* * *

* * *

Es ist eine Verschiebung.
Wo vorher eine Person auf dem Stuhl saß,
passiert jetzt nur noch sitzen.

Es ist eine Verschiebung.
Wo vorher eine Person die Straße entlang lief,
passiert das Entlanglaufen jetzt einfach.

Diese Verschiebung findet nicht in der Zeit statt.
Tatsächlich passiert sie bereits.

* * *

Derjenige, der diese Worte liest, ist derjenige, der sie ge-
schrieben hat.

Die Antwort auf alles ist in diesem Satz enthalten.

* * *

Wie herrlich ist es, keine Idee davon zu haben,
was passieren wird.

Dich vom Leben überraschen zu lassen.

Morgens wie ein Baby aufzuwachen,
ohne Vergangenheit.

Zu wissen, dass alles genau so passieren wird,
wie es zu passieren hat.

Zu wissen, dass es nichts Höheres gibt,
nichts spirituelleres oder edleres,
als morgens aufzustehen,
sich die Zähne zu putzen,
sich anzuziehen und an die frische Luft zu gehen.

Zu verstehen, dass es nichts zu verstehen gibt.

Jeden Tag, jede Stunde und jeden Augenblick zu leben
und zu wissen, dass es immer
dein *letzter* Tag, deine *letzte* Stunde, dein *letzter* Augenblick
ist.

Und zu wissen, dass der letzte Tag auch der *erste* Tag ist,
und der letzte Moment der *erste* Moment.

Die Gegenwärtigkeit in jeder kleinen Sache zu erkennen.

Die Welt anzuschauen und nur eine Liebe ohne Namen zu sehen, die auf dich zurückgeworfen wird.

* * *

Die Leute fragen mich manchmal: „Jeff, wie ist es für dich? Wie ist es, erwacht zu sein? Wie ist es, an einem Ort der Einheit zu sein?" Mir ist es unmöglich, solche Fragen zu beantworten. Ich weiß einfach nicht, wie es ist. All diese Fragen sind an eine Person gerichtet und hier ist keine. Erleuchtung? Erwachen? Einssein? Das ist alles für die Person. Wenn da niemand ist, ist niemand hier, um die Erleuchtung zu erlangen, da ist niemand, der erwachen könnte, da ist niemand, der etwas über etwas, das Einssein genannt wird, wissen könnte.

Auf der anderen Seite wäre es albern zu leugnen, dass sich hier etwas verändert hat. Vor Jahren gab es ein getrenntes, massives, unglückliches kleines Selbst, das sich selbst hasste und die Welt fürchtete, das nicht aufhören konnte zu denken, das nachts nicht schlafen konnte, weil sein Verstand sich drehte. Von diesen Tagen ist nichts zurückgeblieben. Aber nichts ist an ihre Stelle getreten. Es ist nicht so, dass Jeff unglücklich war und jetzt glücklich ist. Das ist eine schöne Geschichte, aber das hat nichts mit Befreiung zu tun. Es ist wahr, dieser Tage ist das Leben leicht, spielerisch, ein Tanz, überhaupt nicht ernst (und diese Worte drücken es nicht einmal ansatzweise aus). Aber zu sagen „Jeff ist glücklich" wäre ein schrecklicher Rückfall in die Dualität. „Jeff ist glücklich" und „Jeff ist unglücklich" erscheinen zusammen und lösen sich zusammen auf. Wenn das eine geht, geht auch das andere. Und wenn beide gegangen sind, hast du keine Möglichkeit mehr, zu wissen, wer oder was du bist.

Das ist vollkommene Freiheit. Die Freiheit, alles zu sein. Die Freiheit, dieses oder das zu sein. Die Freiheit, glücklich zu sein oder traurig. Die Freiheit, genau das zu sein, was du bist. Aber das ist keine Übung. Es geht nicht darum, zu *versuchen* zu sein wer du bist, zu *versuchen* eins mit dem zu sein, was passiert.

Nein, was wegfällt, ist das Versuchen, die Anstrengung, die Kontraktion.

Jeff war depressiv und jetzt ist er es nicht mehr? Nein, was weggefallen ist, ist das Gefühl Jeff zu sein, egal ob depressiv oder nicht! Was weggefallen ist, ist das Gefühl, überhaupt eine gesonderte Person zu sein. Und dennoch – und an dieser Stelle scheint das alles sehr paradox zu sein – ist der Charakter von Jeff nicht verloren gegangen. *Die Wesensart bleibt erhalten.* Es geht nicht um Depersonalisierung oder darum sich zurückzu-lehnen, dem Leben gegenüber distanziert zu sein (das ist eine so weitverbreitete Falle bei der spirituellen Suche). Nein, Teil der Freiheit ist, dass die Person auch erlöst ist. Die Wesensart ist erlöst und ihr ist es schließlich erlaubt, kompromisslos sie selbst zu sein.

Wenn Fragen gestellt werden, gibt es hier eine Erwiderung. So funktioniert der Darsteller. Wenn jemand fragt „Jeff, was magst du lieber, Rot- oder Weißwein?" ist die Antwort, die oft kommt „Weiß, bitte." Vorlieben bestehen weiterhin. Aus dem Nichts heraus sagt es „Weiß, bitte." Und wenn jemand auf der Straße ruft „Hey, Jeff!" dreht sich der Kopf um und der Mund lächelt und etwas hier sagt „Hi!" und das ist auch Teil des Mysteriums. Niemand hier, jemand da. Das kann von keiner der konzeptionellen Positionen beinhaltet werden.

Ich würde niemals rumgehen und sagen „hier gibt es kein Selbst" oder „ich habe kein Ego", denn um das sagen zu kön-nen, muss es hier natürlich ein Selbst oder Ego geben, das et-was über sich selbst weiß. Wenn der Bezugspunkt des „Ich" wegfällt, kannst du nichts über dich selbst sagen. Und dennoch können Worte gesprochen werden. Aber es sind nicht länger deine eigenen Worte. Es ist so, als ob die Funktion auf der

Ebene von Worten und Sprache weitergeht, aber von ihnen kann keine hypnotische Wirkung mehr ausgehen. Worte werden verwendet, aber sie können niemals (mehr) geglaubt werden. Wenn du mich also nach meinem Namen fragst, sage ich oder etwas „Jeff". So einfach ist das.

Überall, mitten in den gewöhnlichen alltäglichen Interaktionen leuchtet das Wunder. Um das zu sehen, müssen wir nicht nach Indien fliegen oder für die nächsten dreißig Jahre meditieren. Es passiert bereits.

* * *

Ich habe die spirituelle Praxis niemals aufgegeben. Sie ist von selbst weggefallen, in ihrer eigenen Zeit, als gesehen wurde, dass derjenige, der sich zum Meditieren hinsetzt mit demjenigen identisch ist, der auf ein Bier im Pub sitzt. Schon jetzt setzt sich niemand zum meditieren hin und niemand trinkt Bier. Ich war es gewohnt zu glauben, dass zu meditieren irgendwie „höher" oder „spiritueller" sei, als Bier zu trinken. Aber derart polarisierende Konzepte verflüchtigten sich, als die schockierende Ebenbürtigkeit aller Handlungen gesehen wurde. Darin fiel das Meditieren einfach weg, und die Selbstbefragung wurde hinfällig. Heutzutage habe ich kein Interesse mehr an Meditation oder daran, präsent zu sein oder in Berührung mit der Stille zu kommen oder so etwas. Leben – so wie es ist – ist immer genug.

Selbstverständlich, wenn du eine spirituelle Übung willst, gebe ich dir eine …

Oh – du praktizierst sie bereits.

* * *

Wie funktionierst du in der Welt, wenn du so lebst? Wie lebst du?

Das ist eine Frage, die du niemals stellen musst. Irgendwie kümmert sich alles um sich selbst. Irgendwie werden die Dinge getan. Es wacht am Morgen auf, zieht sich die Kleider an und isst, wenn es Hunger hat. Ich habe keine Möglichkeit, mich von dem zu separieren, was passiert. Was passiert, bin ich selbst, was nur eine andere Art ist, zu sagen, dass hier keine Person ist.

Und dennoch funktioniert der Darsteller Jeff Foster weiter, einfach um sein Leben zu leben, und das ist ein solches Geschenk. All die Fragen fallen einfach weg. Ich frage mich niemals wie ich mich dem Leben gegenüber verhalten soll, weil die Frage für mich keinen Sinn mehr ergibt. Da ist nur das Leben, das sich selbst ausspielt, nur die unermessliche Weite, nur das Nichts, das spielt, alles zu sein.

Und natürlich berühren nicht einmal diese Worte das. Es ist eine Vertrautheit, die niemals in Worte gefasst werden kann. Vertrautheit mit der Atmung, mit dem Herzschlag, mit dem Körper, mit dem Stuhl, mit dem Tisch, mit den Bäumen und den Blumen, mit allem, so, wie es ist. Und das ist alles meins und nichts davon ist meins. Dieses offensichtliche Paradox löst sich in der vollkommenen Einfachheit dessen auf, was ist.

Jesus sagte, dass du dein Leben verlieren musst, um es zu gewinnen und wenn alles, alles verloren ist, wenn da keine weiteren Fragen mehr sind, wenn alle Suche wegfällt, bleibst du einfach mit dem Mysterium all dessen zurück und alles ist blank gewischt und du schaust mit den Augen eines Kindes auf die Welt, immer zum ersten Mal, und siehst nur Liebe in ihren unendlichen Verkleidungen.

* * *

Wenn da wirklich niemand ist, ist es dann keine Lüge „Jeff" zu sagen, wenn dich jemand nach deinem Namen fragt?

Wenn du ins Theater gehst, um einen Schauspieler spielen zu sehen, klagst du ihn nicht an, ein Lügner zu sein. Er *spielt*, ehrlich und aufrichtig König zu sein, er *spielt* einen Armen, er *spielt* einen spirituellen Sucher. Er *spielt*, Jeff zu sein. Wenn der Darsteller im Spiel gefragt wird „wer bist du?", antwortet der Darsteller „Jeff". Das ist absolut ehrlich. Nichts spielt, alles zu sein. Niemand spielt Jemand. Und in der Befreiung sind jemand und niemand nicht zwei. Diese dualistischen Konzepte lösen sich einfach im Wunder dessen auf, was stattfindet, im Wunder des Spiels.

Wenn du also fragst „Wie ist dein Name?", und es antwortet „Jeff", dann ist da keine wie auch immer geartete Kontraktion. Dieses hier befindet sich nicht länger im Krieg mit der Welt.

Und das Spiel geht weiter.

* * *

* * *

Ich bin Jeff. Ich bin nicht Jeff. Gleichwertig.

Hier ist niemand und dennoch: Wenn du hierher schaust und fragst „Wie ist dein Name?", antwortet etwas „Jeff".

Wer antwortet? Es gibt nur diese Frage. Keine Antwort trifft es, und so löst sich die Frage wieder in der Quelle auf.

„Wie ist dein Name?" fragt sich die Quelle selbst. Tatsächlich passiert überhaupt nichts.

* * *

Wenn du mich fragst, was ich gestern gemacht habe, wird die Geschichte von gestern erzählt. Natürlich gibt es kein Gestern. Gestern ist eine Geschichte, die jetzt passiert. Morgen ist eine Geschichte, die jetzt passiert. Und dennoch: Wenn du diese Frage stellst, ist die Antwort nicht „Gestern ist eine Geschichte – deine Frage ergibt keinen Sinn!", sondern „Ich war schwimmen. Was hast du gemacht?" Geschichte trifft Geschichte, anstrengungslos. Diese Vertrautheit weist nichts zurück.

* * *

* * *

Es ist sehr einfach. Ich will einfach gar nichts. Was auch passiert, ist okay.

Wenn das passiert, in Ordnung. Wenn jenes passiert, okay. Es spielt einfach keine große Rolle mehr. Und das ist Freiheit. Es ist, als ob du einen Film siehst. Spielt es wirklich eine Rolle, was dem Hauptdarsteller passiert? Wenn du vom Film in Anspruch genommen wirst, ja. Aber wenn du realisierst, dass der Film einfach nur ein Film ist, nein, dann spielt es nicht wirklich eine Rolle, weil der Darsteller nicht wirklich stirbt, er stürzt nicht wirklich vom Kliff, er *tut* in Wirklichkeit überhaupt nichts.

Es ist das Paradox von Nichts, das als alles erscheint. Nichts geschieht und alles geschieht. Nichts spielt eine Rolle und alles spielt eine Rolle. Tatsächlich gibt es überhaupt kein Paradox. Da ist nur die Einfachheit des Lebens, das gerade passiert. Atmung. Herzschlag, Geräusche im Zimmer, Empfindungen im Körper – das ist alles, Punkt.

* * *

Wenn du erkennst, dass auf der Toilette zu sitzen, eine Tasse Tee zuzubereiten oder einen Spaziergang im Regen zu machen das Spirituellste überhaupt ist, kommt das Ganze an ein Ende.

* * *

Und letzten Endes, ja, bevor du fragst, sogar „Einssein" ist einfach nur ein weiteres Konzept.

* * *

Ich sehe über den Tisch zu meiner Frau, Amy. Und doch –
natürlich ist sie in keiner Weise „meine". Hier ist nichts, das
möglicherweise *irgendetwas* besitzen könnte, ganz zu schweigen eine andere Person. Da drüben ist ohnehin niemand, der
sich besitzen ließe. Sie ist meine Geschichte und ich bin ihre.
Sie ist eine Darstellerin in meinem Traum und ich bin einer in
ihrem. Ich schaue über den Tisch und sehe ein Mädchen, das
eine Tasse Tee trinkt. „Meine Frau" ist nur eine Geschichte.
Was ist eigentlich da? Ein Mädchen, das gerade eine Tasse Tee
trinkt. Ja, gerade jetzt ist das alles. Wo ist das Ding, das „unsere Beziehung" genannt wird? Alles, was ich finden kann ist
das, was gerade passiert. Ein Junge und ein Mädchen trinken
zusammen Tee.

Und nicht einmal das. Selbst „ein Junge und ein Mädchen trinken zusammen Tee" ist eine Geschichte. Da ist nur das: Atmung, schlagende Herzen, Geräusche, Farben, klingende Tee-
tassen, warmer Tee, Stimmen, Licht, Wärme. Das ist alles, was
ist. Und darin ist niemals etwas, um uns davon zu trennen. So
oft kommt im Leben etwas zwischen uns, dass „Beziehung"
genannt wird und die Vertrautheit vernebelt, die nichts mit
zwei voneinander getrennten Personen zu tun hat. Es ist wie
ein drittes Wesen, dass zwischen uns Zweien herum schwebt.
Ich, du und „unsere Beziehung". Unsere Bedürfnisse, unsere
Wünsche, unsere Erwartungen aneinander.

Was passiert, wenn all das wegfällt? Was passiert, wenn sich
das aus der Vergangenheit Herübergerettete als irrelevant erweist? Dann ist da einfach nur das – ein Mädchen sitzt hier,
trinkt eine Tasse Tee und spricht, und ihr Sprechen ist irgendwo hierher gerichtet. Es ist so unglaublich einfach. Es ist das

Unkompliziertestste von der Welt. Weil sie mir nicht gehört, gibt es keine „Beziehung" zu verteidigen. Nichts, um sich darüber Sorgen zu machen, nichts, um daran festzuhalten. Überhaupt kein Besitzanspruch.

Weil sie mir nicht gehört, kann ich sie in vollkommener Klarheit als das sehen, was sie ist. Weil sich hier nichts in den Weg stellt, ist hier der Raum, wirklich zuzuhören, wirklich zu sehen, einfach hier zu sein, diesen Tee zu trinken, diesen Moment miteinander zu genießen, der sowieso alles ist, was ist.

Weil sie nicht meine Frau ist, ist da einfach nur vorbehaltlose Liebe. Wie unglaublich kostbar. Wie unglaublich einfach.

Und welche Freiheit darin liegt! Es gibt hier einfach nichts, was uns zusammenhält. Wir beide haben die absolute Freiheit wegzugehen. Und trotzdem haben wir es bisher nicht getan. Ich bin immer wieder darüber erstaunt: Sie hat die absolute Freiheit wegzugehen, aber sie hat es bislang nicht getan. Vielleicht wird sie es eines Tages tun. Vielleicht werde ich es eines Tages tun. Vielleicht wird es morgen sein. Wer weiß, was die Zukunft bringen wird? Aber für den Moment sitzt da drüben ein Mädchen, nippt an ihrem Tee, und übrig bleibt eine einfache Dankbarkeit dafür, dass sie hier ist. Ich weiß, dass sie es nicht muss (weil sie frei ist), aber sie ist es. Ich weiß, dass ich es nicht muss (weil ich frei bin), aber ich bin es.

Alles ist vollkommen unschuldig: Sie ist einfach ein Mädchen, das hier sitzt und Tee trinkt und mir von ihrem Tag erzählt. Da gibt es kein Verlangen, etwas davon zu besitzen. Es ist, was es ist. Und es ist genug. Wer braucht schon eine „Beziehung", wenn diese Anmut bereits hier ist?

Und dennoch, wenn du fragst, sage ich dir, dass sie „meine Frau" ist. Das ist meine Kurzfassung, um alles Obenstehende zu sagen!

* * *

Mit offenen Augen schaue ich aus dem Fenster eines Flugzeugs. Hier ist London Gatwick Airport und ich bin das. Ein Augenzwinkern und Amsterdam löscht London aus. Ich werde zu Amsterdam und das Flugzeug ist nirgendwohin geflogen. Die Kulisse hat sich geändert, das ist alles.

Ohne die Namen passiert nicht einmal was. Ohne Namen ist da nur das Rumpeln der Turbinen, ein merkwürdiges Gefühl im Magen, wenn sich das Flugzeug neigt, Amys Kopf an meiner Schulter, ihr weicher Atem und der unbestimmte Geruch von Erbrochenem vom Ehepaar vor uns, während wir nach Gatwick, Schiphol, Charles de Gaulle einfliegen.

Unverfälschte, nicht gefilterte Erfahrung ist zeitlos. London erscheint und verschwindet, ohne eine Spur zu hinterlassen; Amsterdam taucht auf und verschwindet. Kalifornien schmilzt in Manchester hinein, das für einen kurzen Aufenthalt ankommt und dann seine Taschen packt und aufbricht.

„Meine Damen und Herren, wir beginnen unseren Landeanflug ins Nirgendwo. Bitte vergewissern sie sich, dass sich ihre Klapptische in einer aufrechten Position befinden." Ich schaue wieder aus dem Fenster. In vollkommener Stille schneiden sich die Wolken durch die Flügel des Flugzeugs.

Wir reisen niemals und wir kommen niemals an. Selbst ein Achtstundenflug kann dich keinen Zentimeter von Zuhause wegbringen.

* * *

Wer bin ich?

Was ist das „Ich"?

Du wirst für den Rest deines Lebens suchen und alles, was du finden wirst, ist das Pronomen, erste Person Singular.

Du findest den Klang: Iiccchhhhh.

Du findest den Gedanken: „Ich".

Aber nichts dahinter.

Und das ist Befreiung.

* * *

Das Leben, das du versuchst zu verstehen, ist mit dem „du" identisch, das versucht, es zu verstehen.

* * *

Befreiung: Ein Entspannen in *das* hinein.

* * *

* * *

Wir denken, dass die Freiheit darin besteht, das zu bekommen, was wir wollen.

Aber in den Augenblick, in dem du etwas hast, ist da Unsicherheit: Du könntest verlieren, was du hast.

Wahre Freiheit ist der Verlust von allem.
Denn wenn du nichts hast, gibt es nichts zu verlieren.
Das ist das Ende der Angst.
Und wenn nichts deins ist, ist alles deins.
Das ist das Ende des Krieges.

Und wenn du nichts bist, bist du auch alles.
Das ist das Ende allen Suchens.

* * *

In dem Augenblick, in dem ich etwas denke oder sage, weiß ich, dass das Gegenteil von dem, was ich denke oder sage auch wahr sein könnte. Dann befinden sich die Gegensätze nicht länger im Krieg miteinander. Dann ergänzen sie einander eher, als sich gegenseitig zu bedrohen. Dann fängst du an, mit den Gegensätzen zu *spielen*.

Dann wird das Leben spielerisch und Worte sind nicht länger der Feind.

* * *

Was sollst du mit deinem Leben anstellen? Das ist immer die falsche Frage. Warte und schaue, was das *Leben* tut.

„Aber das wird zu Untätigkeit und Passivität führen!", sagst du. Nun, was ich entdeckt habe ist, dass das Leben passiert. Es atmet. Es bewegt sich. Es steht auf. Es putzt sich die Zähne. Es plant, oder auch nicht. Es spricht, oder nicht. Es reist, oder nicht. Das Mysterium hat seinen eigenen Weg. Falle mit alldem wie verrückt in Liebe. Oder nicht. So oder so bleibt das Mysterium ein Mysterium.

Der *Suchende* ist es, der passiv ist.

* * *

Ich dachte gewöhnlich, dass es sehr wichtig ist, so etwas wie eine *Absicht* zu haben. Ich habe Jahre damit zugebracht, die Absicht zu finden. Ich habe mich damit sehr unglücklich gemacht. Alle anderen schienen eine zu haben, aber ich konnte meine nicht finden.

Wie wunderbar ist es zu sehen, dass das Leben keine Absicht braucht. Dass seine Absicht in seiner absichtslosen gegenwärtigen Erscheinung liegt. Hat Musik eine Absicht? Hat ein Sonnenuntergang eine Absicht? Hat Tanzen eine Absicht? Seine Absicht liegt im Hören, im Sehen, im Tanzen. Das Leben ist gleichzeitig beides: Bedeutungsvoll und ohne Bedeutung. Es ist beides und nichts von beidem.

Wie wunderbar ist es zu sehen, dass meine Absicht – wenn es so etwas überhaupt gibt – darin liegt, einfach hier zu sitzen, atmend, mit schlagendem Herz, Geräusche passieren. Was für eine fantastische Freiheit darin liegt.

* * *

Wollen ist gleichbedeutend mit Mangel. *Das* ist bereits aus sich selbst heraus vollständig; es ist bereits die Fülle, die du suchst. Wenn vom Wünschen eine hypnotische Wirkung ausgeht, wird ein Gefühl des Mangels erfahren. Und dann denken wir, dass wir das, was wir uns wünschen, bekommen müssen, um den Zustand des Mangels zu beenden. Aber wenn wir das Gewünschte bekommen, beendet das den Mangel nicht für lange.

Wir wollen nicht wirklich, was wir wollen. Tatsächlich wollen wir das Gefühl des Mangels beenden. Aber wir versuchen, den Mechanismus des Wünschens zu verwenden, um dahin zu kommen.

Mit dem völligen Wegfall des Wünschens verschwindet auch das Gefühl des Mangels. Es wird in aller Klarheit gesehen, dass *diesem* nichts fehlt. Es ist bereits erfüllt. Es ist bereits aus sich selbst heraus vollkommen.

Wie der Zenmeister fragte: „Woran mangelt es in diesem Augenblick?"

* * *

* * *

Liebe ist, wenn nichts zwischen uns steht. Und es steht niemals etwas zwischen uns. Da ist *nur* Liebe.

* * *

Befreiung ist kein Ereignis in der Zeit. Das Wegfallen der Person, die auf das Ereignis wartet, ist Befreiung!

Befreiung ist das Wegfallen der Suche nach Befreiung.

Befreiung ist das Ende der Befreiung. Was für ein wundervolles Paradox.

Befreiung ist nicht einfach eine weitere Erfahrung. Erfahrungen kommen und gehen. Es ist der Wegfall desjenigen, der erfährt. Der Wegfall des Erfahrenden. Das kann niemals etwas sein, das du erfährst, selbst wenn du noch eine Million Jahre leben würdest.

* * *

* * *

Ich sehe eine Blume an. Allerdings ist da kein „Ich", das das Schauen „tut", noch ist da eine Blume, die gesehen wird. Und dennoch, und dennoch, schau – wer sollte die unbestreitbar blühende Schönheit leugnen? Wer könnte irgendetwas abstreiten? Blume oder keine Blume, da ist *das*, genau hier, genau jetzt, jenseits des Denkens, jenseits des Intellekts, jenseits der Worte. Zu sagen, dass da keine Blume ist bedeutet, die blühende Schönheit zu leugnen. Zu sagen, dass da eine Blume ist bedeutet, die Realität auf einen Schlag zu zerschmettern. Es bringt Begrenzungen und Grenzen und Trennung dahin, wo keine sind.

Eine Blume oder nicht? Diese Frage ist bereits zu viel. Die Antwort scheint bereits hervor und sie hat nichts mit Worten zu tun.

Eine Blume oder nicht? Sei vorsichtig! Ob du antwortest oder nicht – der Zenmeister wird dir den Kopf abschlagen.

Eine Blume oder nicht? *Hieb!*

* * *

* * *

Ich erinnere mich daran, als ich meinen Vater zum ersten Mal sah. Ich sah ihn nicht als meinen Vater, nicht in irgendeiner Weise als „meinen", sondern einfach als Darsteller in einem Film, einem Stück, das vom Sein selbst gespielt wurde. Ich sah ihn in Klarheit, ich sah, was tatsächlich da war. Ich sah durch die Geschichte, die Geschichte von Vater und Sohn, die Geschichte, dass er nicht so war, wie ich ihn haben wollte, die Geschichte von sollte, hätte, könnte. Als die ganze Schwere wegfiel, als die Vergangenheit so irrelevant wurde wie die Zukunft, war das, was übrig blieb, erschreckend unschuldig: Ein alter Mann, ergrautes Haar, überall im Gesicht Falten, Pigmentflecken auf seinen Händen. Auf einmal hörten alle Versuche auf, ihn ändern zu wollen. Da war nur Dankbarkeit für das, was war.

Es war alles so unschuldig. Er ist so unschuldig gewesen. Ich war so unschuldig. Er war überhaupt nicht mein Vater, und ich war nicht sein Sohn. Das waren nur Rollen, die wir irrtümlicherweise für die Realität gehalten haben. Der Schauspieler im Spiel hatte vergessen, dass er ein Schauspieler war. Er hatte vergessen, dass er nur die Rolle des Vaters oder des Sohnes gespielt hat. Er hatte sich mit der Rolle identifiziert und so wurde die Realität völlig einengend.

Aber jetzt hatte sich der Nebel verzogen, die Fenster der Wahrnehmung waren gereinigt worden und alles, was da war, war die Einfachheit dessen was passierte. Alter Mann, ergraute Haare, auf einem Stuhl sitzend, frühstückend. Kein Gefühl, dass er mir gehörte. Kein Gefühl von Besitz. Kein Gefühl von Kontrolle oder dem Fehlen davon. Nur ein unschuldiges Wesen, vollkommen es selbst seiend. Jesus sagte, dass er und sein Vater eins waren, und jetzt wusste ich, was er meinte.

Auf eine Weise war es ein Tod. Der Tod der Vater-Geschichte und damit verbunden der Tod der Sohn-Geschichte. Der Tod von Vater und Sohn. Tod all dessen, was zwischen uns gewesen ist. Tod der Rollen. Tod der erfundenen Geschichten. Tod der Fassade, der Masken, der Spiele. Und in diesem Tod war nichts anderes als pulsierendes Leben. Nichts Wirkliches kann jemals sterben.

Und nicht nur Vater, sondern auch Mutter, Schwester, Bruder, Freund, Liebhaber: all das sind nur vorübergehende Rollen. Und solche Rollen können überaus nützlich sein, wenn es darum geht, in der Welt zu funktionieren, aber sie können sich so leicht zwischen uns stellen. Sie können so leicht die Vertrautheit verdecken, die immer hier ist.

Wenn dir nichts gehört, gehört dir alles. Wenn nichts deins ist, ist nichts da, das irgendetwas blockieren kann. Wenn nichts deins ist, kommt die Welt in ihrer reinsten Form hereingestürzt. Weil da nichts mehr ist, das die Welt abhält, ist da eine vollkommene *Vertrautheit* mit dieser Welt, mit scheinbar anderen, mit allem, was sich zeigt.

Weil die Rollen von Vater und Sohn nicht länger vorhanden waren, konnte nichts mehr weiterhin die Vertrautheit ausschließen.

Oh, diese Vertrautheit mit dem kleinen Mann, der seine Cornflakes isst! Das ist von zu erlesener Schönheit, um auch nur ein Wort darüber zu sagen.

* * *

Es gibt nichts zu fürchten, weil hier niemand ist.

* * *

Befreit, wird das Herz nicht getrennt vom Verstand erfahren.

So oft kann die Nondualität kopfig, konzeptionell und intellektuell erscheinen. Die ganzen Konzepte über Nichts und Abwesenheit und Präsenz! Eigentlich geht es dabei nur um *Liebe*. Liebe ist die Vereinigung von Herz und Verstand.

Bei der Nondualität geht es nicht darum, der Welt distanziert gegenüber zu stehen, der Zeuge von allem zu sein und an nichts teilzunehmen. Es geht nicht darum, auf deiner Bergspitze zu sitzen und auf die Welt herunterzuschauen und die armen Sterblichen zu bemitleiden, die nicht so erwacht sind wie du, diese armen Seelen, die immer noch Egos haben! Nein, Liebe kann nicht von der Welt zurücktreten, weil sie die Welt *ist*.

Das Herz der Gegenwart verströmt Liebe.

* * *

* * *

Aus dem Nichts erscheint das alles. Niemand weiß woher es kommt und wohin es führt.

Niemand weiß etwas darüber und trotzdem wird das alles gegeben. Es ist ein Akt reiner Liebe.

Du musst keines dieser Worte verstehen. Löse dich einfach in diesem Mysterium auf. Schmelze in das hinein, worauf die Worte hinweisen.

Opfere dein Verstehen. Es hat seinen Zweck bereits erfüllt.

* * *

Das ist jenseits von Existenz und Nichtexistenz. Es geht über Selbst und Nichtselbst hinaus. Es ist jenseits von Subjekt und Objekt, Zeit und Raum, Vergangenheit und Zukunft. All diese Worte werden überflüssig, wenn der Geschmack des Tees oder das Zwitschern eines Vogels oder das Dröhnen des Verkehrs zum Faszinierendsten auf der Welt werden.

* * *

Subjekt und Objekt entstehen zusammen und lösen sich zusammen auf.

Und dennoch, tatsächlich gibt es weder Subjekt noch Objekt.

Da ist nur, was passiert. Und selbst das ist zu viel gesagt.

* * *

* * *

Durch die Befreiung verändert sich alles und nichts.

Alles verändert sich, weil es nicht länger „dein" Leben ist, und das wird jetzt in vollkommener Klarheit gesehen. Alles verändert sich, weil alles so wundervoll leicht und transparent wird. Alles ändert sich, weil das Leben jetzt nicht mehr in Opposition zum Tod steht. Alles verändert sich, weil alles, was du bisher zurückgewiesen, abgestritten und von dir weggeschoben hast, jetzt als nichts anderes als ein Ausdruck vorbehaltloser Liebe gesehen wird.

Und dennoch verändert sich nichts. Holz hacken und Wasser tragen. Iss, scheiße, werde alt. Bekomme Krebs. Schreie mitten in der Nacht vor Schmerz. Nichts davon hört auf. Hier geht es nicht darum, in einer New-Age Fantasiewelt zu leben. Hier geht es nicht darum, angenehme Konzepte anzunehmen und dich in Watte zu packen. Das hier ist die unverstellte Realität. Nichts kann mehr zurückgewiesen werden. Das ist das Ende der Kontrolle. Es ist ein freier Fall in eine Vertrautheit mit allem. Es ist eine Liebesgeschichte mit dem, was ist. Es ist vollkommen auf das Leben ausgerichtet.

* * *

Das ...

Ich laufe durch Brighton. Da ist nur das: Kinder kreischen, Busmotoren röhren, Verliebte umarmen sich, eine alte Dame humpelt auf mich zu. Unsere Augen treffen sich, niemand schaut niemand an. Nichts zwischen uns. Nur Vertrautheit.

Ein Obdachloser fragt nach ein bisschen Kleingeld. Er ist bereits zuhause, weiß es aber nicht, aber das sage ich ihm nicht. Eine Hand fasst in die Hosentasche und Münzen werden rausgeholt.

Ein kleines, rotgesichtiges Kind mit blauer Latzhose stößt mich an. Es guckt hoch, unsere Augen treffen sich und es ist wieder die alte Dame und der Obdachlose. Jeder ist überall und jeder ist niemand, laufen an diesem wundervoll sonnigen Tag durch Brighton.

Zurück im meiner Wohnung wasche ich ab. Jetzt ist da nur das Geklapper der Teller, das Glänzen der Schaumblasen, das Spritzen und Tropfen und Rauschen des Wassers, während es aus dem Hahn schießt. Während der Abwasch sich selbst erledigt, schaue ich zu.

Jetzt esse ich mit meiner Mutter und meinem Vater zu Abend. Während des Nachtischs debattieren sie über Politik und Religion. Stimme, Stille, Stimme, Stille und eins ist wie das andere. Diese Augen werden vom Schaum auf dem Kaffee, der in einem sonnigen Lichtstrahl funkelt und glitzert, in Verzückung versetzt. Die Stimmen meiner Eltern vermischen sich mit dem Schaum und das Universum ist nichts weiter als ein schaumig musikalisches Dessert, das von alten Damen, rotgesichtigen Hosenmätzen in blauen Latzhosen, Abwaschen und Obdachlosen, schreienden Kindern und röhrenden Busmotoren erfüllt ist.

4
NONDUALITÄT:
NICHTS ZU ERREICHEN,
NICHTS ZU VERTEIDIGEN,
NICHTS ZU LEHREN.

Und so lang du das nicht hast,
Dieses: Stirb und Werde!
Bist du nur ein trüber Gast
Auf der dunklen Erde.

- Goethe

Ich hatte niemals den Eindruck, dass die Befreiung etwas mit mir zu tun hat, mit dem Darsteller, den die Welt Jeff ruft. Ich hatte niemals das Gefühl, irgendwie besonders zu sein.

Tatsächlich fiel genau das weg: die Besonderheit von Jeff. Ja, die schockierende Realisation war als sich zeigte, dass die Befreiung, nach der ich mein Leben lang gesucht hatte, überhaupt nichts mit mir zu tun hat! Sie hat nichts damit zu tun, was ich jemals getan oder nicht getan habe. Sie hat nichts mit Anstrengung zu tun oder mit Leistung oder damit, dem Suchenden etwas hinzuzufügen. Nein, nein, nein. Der Suchende wurde *zerstört*, ein für alle Mal.

Und deshalb gibt es nichts zu verteidigen. Ich schreibe und spreche nicht um zu beweisen, dass meine Herangehensweise an die Nondualität die „korrekte" ist, was auch immer das bedeuten würde. Er gibt bezüglich der Art, wie ich die Nachricht vermittele kein Bedürfnis, Ansprüche zu stellen, sich zu rühmen oder Versprechungen zu machen, da ich sie niemals als meine angesehen habe. Es besteht keine Notwendigkeit, diesen Ausdruck mit einem anderen zu vergleichen. Es gibt kein Bedürfnis Lehrer, die nicht so „nondualistisch" oder „erwacht" wie ich sind, zu verurteilen, was zum Teufel das alles auch heißen mag. Das ist kein Wettkampf. Es ist kein Krieg. Es ist bedingungslose Liebe und sie gehört mir nicht. Und selbst wenn ich sie besitzen könnte, würde ich das nicht wollen. Sie ist zu wertvoll.

Dadurch kommt es zu einer gewissen Demut, denke ich. Wenn es irgendein „Kennzeichen" der Befreiung gibt – oder wie du das sonst nennen willst – dann vielleicht das. Ich kann nur aus eigener Erfahrung sprechen. Weißt du, Jeff ist ständig *erniedrigt* vom Wunder dessen, was ist, von der Anmut des göttlichen, grundlosen, unbezahlbaren Spiels. Und er weiß, dass seine Worte immer und für immer dem Bellen eines Hundes und dem Miauen einer Katze gleichen. Sie sind einfach Teil vom Lied des Seins, vom göttlichen Tanz von allem und nichts, der sich selbst in allem und nichts als alles und nichts zeigt, der aus der Zahnbürste singt und scheint, wenn ich morgens meine Zähne putze, der durch die Fish and Chips scheint, die ich am Strand mampfe, durch den kalten Herbstwind, während er liebevoll meine Wange streichelt, durch den Hundehaufen, in den ich auf dem Nachhauseweg trete, der meine neuen Schuhe versaut.

Das Leben passiert, aber da ist niemand, dem es passiert. Und wenn da niemand ist, ist da niemand, der jemals abwehrend, besitzergreifend oder gar selbstgefällig bezüglich des eigenen Verstehens oder des Ausdrucks davon werden könnte. Da ist niemand mehr, der weiterhin seinen eigenen Mist glauben kann. Niemand da, der sich möglicherweise darum sorgen könnte, was die Welt über ihn oder seine „Nachricht" denkt oder nicht denkt.

Nichts zu verteidigen – das trifft genau ins Herz dieser Botschaft.

* * *

Für den Einzelnen scheint diese Freiheit, diese Anmut immer außer Reichweite zu liegen.

In dem Augenblick, in dem es ein Individuum gibt, ist da Trennung und wenn es Trennung gibt, hast du das Verlangen, die Trennung zu beenden, das Getrennte zu heilen, nach Hause zu kommen. Es ist die Welle, die sich danach sehnt, in den

Ozean zurückzukehren. Und natürlich *weiß* die Welle auf einer bestimmten Ebene, dass sie niemals auch nur für einen Augenblick vom Ozean getrennt war – dass das Gefühl, eine Welle zu sein, lediglich ein vorübergehendes Zusammenziehen des Ganzen ist.

Die kleine Welle ist von Natur aus eine Suchende, die im Versuch etwas zu finden, das sie nie verloren hat, wie ein kopfloses Huhn um die Welt rennt. Sie hat es niemals verloren, weil sie es niemals gehabt hat. Sie *war* es immer. Die Welle war immer, immer ein vollkommener Ausdruck dessen, was nicht ausgedrückt werden kann. Du – der Darsteller, die Person, das Individuum – warst schon immer der göttliche Ausdruck, der sich selbst vollkommen ausdrückt, vollständig, und sich im Ausdruck vollkommen erschöpft, ohne eine Spur zu hinterlassen, ohne Rückstand.

Und der kosmische Witz? Selbst die endlose und erschöpfende Suche des Individuums – selbst das war immer schon göttlicher Ausdruck. Ständig hat sich die Einheit selbst gesucht.

Nun ja, natürlich hat sie das. Da ist nur Einheit.

Wenn die Suche zusammenbricht, bricht damit das Gefühl zusammen, ein vom Ganzen getrenntes Individuum zu sein, das Empfinden, eine kleine Welle im großen Ozean zu sein. Das ist nichts Intellektuelles. Es ist ein Zusammenbrechen in die Vertrautheit. Vollkommen jenseits des Intellekts. Vollkommen jenseits von Worten.

Aber hier liegt der Hase im Pfeffer: Es ist nichts, was du je haben oder tun könntest.

Warum?

Weil du danach an verkehrten Orten suchst. Dein ganzes Tun ist auf eine Zukunft ausgerichtet, die niemals kommen wird. Du suchst in der Welt danach. Das bedeutet, du suchst danach in deiner Welt. Und es gibt keine andere.

* * *

Verstehst du, der Darsteller und die Welt des Darstellers sind untrennbar. Wenn du erst einmal einen Darsteller hast, hast du sofort eine Welt, in der der Darsteller funktioniert. Eine Welt, in der der Darsteller lebt und atmet und sich selbst sieht.
Ein wütender Darsteller sieht eine wütende Welt. Ein depressiver Charakter sieht eine depressive Welt. Ein spirituell Suchender sieht eine Welt voller Dinge, nach denen er suchen kann, eine Welt voller Lehrer und Lehren und der Hoffnung und dem Versprechen auf Erlösung.

Der Sucher sieht immer nur seine eigene Welt.

Innerhalb dieser Welt hört der Suchende vom Erwachen oder von der Befreiung oder wie du das sonst nennen möchtest. Und er beginnt, danach innerhalb seiner Welt zu suchen.

Innerhalb der Welt des Suchers ist alles möglich. Innerhalb seiner Welt gibt es Millionen verschiedene spirituelle Wege und Prozesse und Praktiken und Ziele. Eine Million Dinge zu tun, eine Million Dinge anzubieten. Innerhalb der Welt des Suchenden kannst du dich um Erleuchtung kümmern, auf die Befreiung warten oder eine Art energetischer Transformation voraussehen. In der Welt des Suchenden kannst du zu Treffen gehen und von zukünftigen Ereignissen erfahren, die stattfinden oder nicht stattfinden. Es ist eine Welt voll des Glaubens. Es ist eine Welt voller Konzepte aus zweiter Hand, die von wohlmeinenden Leuten weitergegeben werden, die wirklich glauben, was sie dir erzählen.

Dabei ist die Befreiung nichts, was der Suchende jemals in seiner Welt finden könnte, weil sie die *Auflösung des Suchers, und damit einhergehend seiner Welt*, ist. Es ist der Wegfall von Sucher und Welt, ein Eintauchen in etwas weitaus mysteriöseres, mitreißenderes und lebendigeres, als es die Konzepte aus zweiter Hand je versprochen haben.
Und dieses Eintauchen, also, sobald wir darüber reden, befinden wir uns wieder in der Sprache von Sucher und Welt. Aber das ist natürlich die einzige Sprache, die wir haben. Alle Lehren wirken innerhalb des Reiches von Sucher und Welt (zusammengenommen könnten wir das die „Traumwelt" nennen). Selbst diese Worte hier und die Worte, die in meinen Treffen geäußert werden, arbeiten innerhalb der Traumwelt. Darum weiß ich, wie ich immer sage, dass es in dem Augenblick, in dem ich darüber spreche, einfach nicht wahr ist. In dem Augenblick, in dem ich darüber spreche, habe ich es zu etwas gemacht, zu etwas in der Traumwelt, etwas, woran sich der Suchende, im Bemühen zu verstehen, festhalten kann. Ich habe es in etwas verwandelt, was du in der Zukunft erreichen kannst.

In gewisser Weise bist du von Beginn an verloren, wenn du über Nondualität sprechen möchtest. Das ist auch ein Teil der Bescheidenheit: zu erkennen, dass du niemals fähig sein wirst, es auszudrücken. Und das sich selbst die Idee einer „vollendeten" nondualistischen Kommunikation – wenn das überhaupt möglich wäre – noch vollständig innerhalb der Traumwelt befindet.

* * *

In dieser Traumwelt befindet sich alles in einer perfekten Balance. Ein depressiver Darsteller trifft auf eine depressive Welt, wohin er auch geht. Ein ängstlicher Darsteller trifft auf eine erschreckende Welt, wohin er auch geht. Ein Suchender trifft ständig auf Lehrer, die die Suche bewirten und füttern.

Tatsächlich braucht der Lehrer den Schüler ebenso sehr, wie der Schüler den Lehrer. Der Schüler funktioniert in der Welt des Lehrers auf dieselbe Weise, wie der Lehrer es in der Welt des Schülers tut. Er trifft auf eine Notwendigkeit. Weil sich ein Lehrer natürlich so lange nicht als Lehrer kennen kann, bis er den Schüler gewissermaßen benutzt, um diese Identifikation zu erschaffen und fortzuführen. Und so hängt er genauso sehr an den Schülern, wie sie an ihm.

In der Traumwelt triffst du in deinem Bestreben, eine Person zu sein und damit lieber jemand als niemand zu sein, in deinem Bemühen, dein Leben funktionieren zu lassen, ständig auf deine eigene Spiegelung.

Und die Lehrer versprechen dir so viel! Sie versprechen ein Ereignis in der Zukunft – Erleuchtung genannt oder Erwachen oder eine Art von Verschiebung der Wahrnehmung, die du erlangen kannst oder nicht.

Aber mit dem Wegfall der Selbstbeschränkung und dem damit einhergehenden Wegfall der beschränkten Welt, in der alle Lehrer und Lehren arbeiten, zeigt sich die Gnade und die hat nichts mit irgendeinem Ereignis in der Zukunft zu tun oder einer spirituellen Erfahrung oder einer Verschiebung in der Wahrnehmung oder der Transformation des Bewusstseins oder irgendetwas anderem, das von den Traumlehrern versprochen wird. Es ist schockierend gewöhnlich. Es ist, eine Tasse Tee zu trinken, Fish and Chips zu essen. Außer in diesem Moment trinkt niemand den Tee und niemand isst Fish and Chips. Trinken geschieht einfach. Fish and Chips Essen geschieht einfach. Der Tee trinkt sich selbst. Fish and Chips essen sich selbst. Näher können wir dem mit Sprache nicht kommen.

Es ist völlig jenseits dessen, was du erwartet hast. Und das, was auftaucht ist nichts Neues – es ist eine Offenbarung von etwas das schon hier war, scheinbar versteckt aber tatsächlich immer vor aller Augen. Das gewöhnliche Leben hat sich immer danach gesehnt, seine Geheimnisse zu enthüllen. Fish and Chips und die Tasse Tee – und ja, sogar der Hundehaufen auf dem Bürgersteig – waren immer das Geliebte, das uns nach Hause ruft.

Es ist keine intellektuelle Realisation. Wenn es so simpel wäre, wäre es einfach eine Frage veränderter Gedanken, z.B. von „das ist es nicht" hin zu „das ist es" oder von „ich bin nicht erwacht" hin zu „ich bin erwacht". Natürlich kann es innerhalb der Traumwelt etwas wundervolles sein, Gedanken zu verändern. Wenn du einen Traum hast, ist es wahrscheinlich schöner, einen glücklichen zu haben! Wenn du einen Traum hast, warum nicht positiv denken, statt negativ? Warum nicht denken, dass du wach bist, statt zu schlafen! Innerhalb der Traumwelt kann der einzelne Millionen verschiedene Sachen mit seinen Gedanken anstellen, und die Gedanken ihrerseits können Millionen unterschiedliche Erfahrungen bewirken. Aber worüber wir hier sprechen, geht bei weitem über all das hinaus. Es kann durch keine gedankenerzeugte Formel erfasst werden. Tatsächlich verfehlen beide – „es gibt keine Person" und „da ist eine Person" – den Punkt. „Es gibt eine Wahl", „es gibt keine Wahl" – beide gehen an der Sache vorbei. In der Traumwelt erscheinen diese Gegensatzpaare zusammen und fallen zusammen weg. Aber sie können dich nicht dahin führen, wo du wirklich hin willst: zur eigenen Abwesenheit.

* * *

Jenseits der selbstbeschränkenden Gegensätze, strahlt ständig dieses Wunder, diese Gnade, und tatsächlich kann sich die Selbstbeschränkung nur aufgrund der Gnade zeigen. Das Sein spielt jede Rolle, sogar die Rolle desjenigen, der dem Sein gegenüber unwissend zu sein scheint. Alles ist Sein. Das ist die Offenbarung. Für niemanden.

Die Person war immer in ihre Welt eingesperrt, ohne es jemals zu realisieren. Und dann stellte sie sich vor, dass Freiheit *innerhalb* dieser Welt gefunden werden könnte! Mit dem Wegfall der Person und der Welt gibt es natürlich auch keine Person mehr, die gefangen sein könnte. Da ist nur das, was ist. Einfach Nichts, das alles ist. Nur das – und selbst das ist zu viel gesagt.

Alles, was wir wirklich tun können, ist zu versuchen, darauf so klar und ehrlich wie möglich hinzuweisen, Worte zu benutzen, um über die Worte hinauszugehen. Und in der Traumwelt gehen die Auseinandersetzungen weiter:

„Mein Lehrer/ meine Lehre ist besser als deine(r)!"
„Lehrerin X ist völlig dualistisch – sie gibt den Leuten eine spirituelle Übung, was bedeutet, dass sie immer noch voneinander getrennte Menschen sieht!"
„Lehrer Y lehrt rein aus dem Intellekt!"

„Lehrer Z verwendet immer noch das Wort ‚ich' – er kann einfach nicht befreit sein!"

Du würdest nicht glauben, wie oft ich sowas höre.

In der Traumwelt mögen einige dieser Argumente eine Berechtigung haben. Aber sie alle verfehlen vollständig den Punkt: *Niemand* kann das lehren. Es gibt keine erleuchteten oder erwachten Personen. Keine Person hat jemals Befreiung erlangt. Weil es überhaupt keine Personen gibt. Die Person ist die Fata Morgana. Niemand besitzt diese Freiheit.

Das ist die Schönheit davon, das ist die Freude dessen: Worüber wir sprechen, ist vollkommen frei, ständig verfügbar, immer und für immer bietet es sich bedingungslos an. Wenn diese Nachricht wirklich gehört wird, wenn sich die Suche auflöst und die Selbstbeschränkung heilt, wird das, worauf diese Worte hinweisen, in völliger Klarheit erkannt. Dann wird das meine-Lehre-oder-mein-Lehrer-ist-besser-als-deine(r) Spiel, das so überaus ernst und ermüdend wird, als das gesehen, was es immer war: Ein intellektuelles Spiel, ein Krieg der Egos, eine Ablenkung davon, was immer im Zentrum dieser Nachricht stand: Bedingungslose Liebe – die Enthüllung und der Ausdruck davon.

Jenseits der fruchtlosen Versuche des Darstellers, diese Nachricht zu vermitteln und diese Vermittlung zu verteidigen, befindet sich diese Vertrautheit, die kein Maß kennt und so vollkommen einfach ist, in aller Stille im Hintergrund und flüstert ganz sanft, dass alles in Ordnung ist und dass es natürlich nichts zu verteidigen gibt ... nichts zu verteidigen ...

Das …

Ein altes Ehepaar kriecht im Schneckentempo zum
Taxistand am Bahnhof von Brighton. Die Frau geht an
Krücken, der Mann ist vornüber gebeugt und winzig
und geht ein paar Schritte vor ihr. Er schaut beim
Gehen auf den Boden. Er kann nicht aufschauen, das
lässt seine gekrümmte Wirbelsäule nicht zu. Diese
Augen schauen auf ihn. Der Atem stoppt. Ich sehe
mich selbst. Liebe humpelt zum Taxistand am Bahnhof
von Brighton und Liebe sieht in Stille zu. Mehr als
alles in der Welt möchte ich, dass der kleine vornüber gebeugte alte Mann und seine Frau sicher am
Taxistand ankommen und ich weiß nicht warum. Dann
dreht sich der Kopf ohne Vorwarnung und alles ist
vergessen, während neue Geräusche und Eindrücke
einströmen: Ein Mann brüllt in sein Mobiltelefon,
der Geruch von Cornish Pasties, eine halbnackte
Dame bewirbt auf einer Plakatwand Parfum.

In einer Londoner U-Bahn Station hebt ein Mann seine Tochter auf die Schultern, während sie sich zur
Rolltreppe anstellen. Eine Stimme dröhnt über Lautsprecher: „Würde der Mann mit dem Mädchen auf den
Schultern es bitte runternehmen? Es ist gefährlich,
Kinder auf der Rolltreppe zu tragen!" Die Welt hält
an. Es ist Liebe, die seine Tochter auf seine
Schultern hebt und es ist Liebe, die den Vater vor
der Gefahr warnt. Liebe spricht mit sich selbst.
Ich bin die Stimme im Lautsprecher und warne mich,
mich nicht selbst zu verletzen. Ich bin der Vater,
der seine Tochter mehr liebt als das Leben selbst.
Tränen laufen mir die Wangen runter, verwischen auf
dem schmutzigen Boden von Victoria Station und sind
sofort verschwunden.

Der vornüber gebeugte Mann und seine Frau erreichen den Taxistand, der Vater nimmt seine Tochter runter und hält ihre Hand während sie mit der Rolltreppe hinab fahren und ich selbst finde mich von einer jungen Frau bedient bei Burger King vor, die die Pommes und den Burger auf einem roten Tablett vor mich hinstellt, mich anschaut und fragt: „Möchten Sie Ketchup dazu?"

„Ja, bitte", antworte ich.

Ein ungewaschener Obdachloser, der Körpergeruch hat und Bier ausdünstet, popelt in der Nase, isst die Popel, schaut mich an, kommt dann direkt auf mich zu und sagt: „Was zum Teufel glotzt du so, Alter?"

Wie verdammt *perfekt* ist das alles, wenn du tot bist und es nicht länger eine Rolle spielt, was passiert.

5
DER URSPRUNG DER WELT

Die Welt existiert nur, wenn wir an sie denken;
Schöpfungsgeschichten sind für Kinder.
Tatsächlich wird die Welt in jedem Augenblick erschaffen.

- Jean Klein

Du hast wirklich keine Möglichkeit zu wissen, was *das* ist.

Du kannst wirklich nicht wissen, wer du bist. Oder was du bist. Oder wo du bist. Bis das Denken ins Bild kommt und „ich" sagt.

„Ich"
„Ich bin"
„Ich bin … eine Person"
„Ich bin … eine Person … sitze in einem Raum …"

Bevor das Denken die Geschichte davon erzählt was ist, ist da nur das Mysterium all dessen. Vor der Geschichte ist nur Nichtwissen.

Vor dem „Ich" gibt es keine Welt. Das ist, wo alles beginnt.

* * *

Gegenwart zeigt, tönt, schmeckt. Empfindungen im Körper passieren. Gedanken tauchen aus dem Nirgendwo auf. Das Geräusch des Regens draußen. Ein hungriger Bauch. Ein bellender Hund. Der Fernseher plärrt. Das ist alles, was ist.

Was in diesem Moment gegeben wird, ist bereits ein perfekter Ausdruck des Lebens. Das Leben drückt sich selbst vollkommen aus, genau hier. Nichts ist hier abwesend. Und natürlich – bevor du es überhaupt einen „Moment" nennen kannst, ist es bereits vorbei.

Im Herzen der gegenwärtigen Erscheinung, im Herzen davon ist keine Person, kein Zentrum, kein Puppenspieler, der die Fäden zieht. Die Lichter sind an, aber niemand ist zu Hause.

Da sind Geräusche, Gefühle, Gedanken, aber da ist einfach keine Person, die die Geräusche hört, die Gefühle fühlt, die Gedanken denkt. Das Leben passiert nicht jemandem oder *für* jemanden – es ereignet sich gerade. Es passiert für niemanden.

Deine Abwesenheit ist mit der Gegenwart der Welt identisch.

Darum können wir sagen, dass das Leben bereits befreit ist. Das Leben ist schon frei vom persönlichen Selbst, es ist bereits vollkommen frei, genau das zu sein, was es ist, völlig es selbst. Tatsächlich ist es von Beginn an befreit gewesen. Es war niemals gebunden, deshalb war die Suche nach Freiheit von Anfang an vergeblich.

Befreiung hat nichts mit einem Individuum zu tun. Sie ist nichts, was du jemals erlangen kannst. Sie ist nichts, was manche haben und andere nicht. Sie ist kein Zustand, keine Erfahrung. Sie ist nicht etwas, das in der Zeit passiert. Sie ist nicht meine und sie kann nicht deine sein. Sie ist nicht dinghaft. Sie ist nichts und alles. Wenn es Befreiung gibt, ist sie für niemanden.

Du kannst das nie in einem Buch finden und kein Lehrer kann dich das lehren. Niemand kann dir das geben. Und selbst wenn jemand es könnte, wie könnte er dich auf *das* vorbereiten? Auf das, was gerade passiert, in *diesem* Augenblick? Nein, niemand hätte dir etwas über das gegenwärtige Auftauchen sagen können, darüber, was gerade passiert. *Das* ist immer vollkommen neu. Es hätte niemals vorausgeahnt werden können.

Und das Wundervolle an dieser Erscheinung ist, dass sie immer deine ist, deine allein, obwohl da kein „du" ist. Es ist eine vollkommene Vertrautheit, für niemanden. Wieder, Worte werden es niemals berühren.

* * *

Sein ist bereits alles, vollkommen. Es spielt alle Rollen. Den Teppich, die Decke, die Wände, die Fenster. Ja, es ist sogar in den niedrigsten Dingen, in den kleinsten Sachen, in den unbedeutendsten Dingen.

Jede Idee, die der Einzelne von der Befreiung hat, wird von dieser Lebendigkeit zerstört. Diese Lebendigkeit wird jede Idee verbrennen, die du davon hast. In gewisser Hinsicht ist diese Lebendigkeit sehr destruktiv. Sie verbrennt die überkommenen Konzepte, die überholten Ideen – immer. Alles aus der Vergangenheit herüber Gerettete wird von dem weggeblasen, was passiert. Immer. Vom Klang des schlagenden Herzens, des Atmens. Von den Wänden und dem Teppich. Von den gegenwärtigen Anblicken, Geräuschen und Gerüchen.

Das Leben ruft dich immer wieder zu sich selbst zurück. Alles ruft dich dahin zurück. Und alles sagt: höre, sieh, weil du nichts als Gott hörst, du siehst nichts anderes als den göttlichen Ausdruck.

* * *

Es kann ungeheuer herausfordernd sein, wenn du diese Nachricht zum ersten Mal hörst. Es ist schockierend zu hören, dass du nichts bist. Trotzdem ist überhaupt nur deshalb irgendetwas passiert, weil du nichts bist. Nur weil du nichts bist, kann gerade das Prasseln des Regens draußen vernommen werden. Nichts sperrt ihn aus. Nur weil du nichts bist, können diese

Worte gerade gelesen werden. Nichts sperrt sie aus. Nur weil du vollkommen abwesend bist, kann die Gegenwart überhaupt erkannt werden. Nur weil du *nicht* bist, *ist* alles. Du erlaubst der Welt zu sein.

Alles was passiert weist unablässig auf deine Abwesenheit hin. Es weist auf den Tod von alldem hin, was vorbei ist, auf den Tod des Alten, auf den Tod des Gewussten. Auf den Tod desjenigen, der du zu sein glaubtest. Auf den Tod dessen, was du glaubtest zu brauchen. Was du glaubtest zu wollen.

* * *

Wenn Menschen diese Nachricht zum ersten Mal hören, reagieren sie manchmal mit Ärger oder Angst darauf. Es schockiert sie zu hören, dass die Person, die sie glauben zu sein, nichts anderes sein könnte als eine Fantasie. „Ich bin nichts? Ich dachte, ich wäre alles! Ich dachte, ich tue alles!" Ja, das geht gegen alles, was wir je geglaubt oder gedacht haben. Das zu hören, kann sehr herausfordernd sein.

Aber darum geht's: Wenn du nichts bist, wenn du nichts hast, wenn alles, was es gibt, Gegenwart ist, dann bleibt eine erstaunliche Offenheit allem gegenüber zurück. Empfindungen gegenüber und Gefühlen, allem gegenüber, was das Leben anzubieten hat. Es wird gesehen, dass der Versuch das Leben auszusperren immer zu Erschöpfung führt, zu Frustration und Verzweiflung. Der Versuch, das Leben auszusperren, funktioniert nicht. Weil sich das Leben immer durchsetzen wird. Es wird jeden Versuch, es auszusperren, zunichtemachen. Es wird alles an Ort und Stelle verbrennen. Es ist reine Lebendigkeit. Es ist unmittelbare Energie. Es kann nicht verdrängt werden. Es würde das nicht dulden.

Auf gewisse Weise ist Befreiung eine Art Verlust. Es ist ein Verlust all dessen, was nicht nötig war. Ein Verlust von dem ganzen Mist. Ein klares Sehen dessen, was schon da war, was aber im Streben nach „mehr" ein Leben lang ignoriert wurde.

Es ist ein Leben, das ohne Suche gelebt wird. Es ist der Tod des Suchers und der Beginn von etwas anderem.

Wenn die Suche in sich zusammenbricht, wenn die völlige Vergeblichkeit des Suchens in schockierender Klarheit gesehen wird, wird *das* – was ist – überaus faszinierend, weil es alles ist, was bleibt. Ja, du bist allem beraubt, buchstäblich allem, und du stehst nackt vor dem Leben, ohne Möglichkeit, es weiterhin auszuschließen, völlig unbedeckt, vollkommen verletzlich, aber da ist auch eine Kraft, eine Stärke, die von der vollkommenen Sicherheit herrührt, dass dich keine Macht der Welt berühren kann. Du stehst nackt vor dem Leben, wirst zu ihm und alles ist vorbei.

Und dann wirst du sehr vertraut mit dem, was ist. *Was ist*, wird zu deinem ständigen Begleiter. Es kann dich niemals verlassen. Es ist eine Liebesbeziehung die immer weitergeht – und du kannst nie wieder einsam sein.

* * *

Lass es uns gerade heraus sagen: die Suche ist gescheitert. Der Verstand ist damit gescheitert, das zu bekommen, was er wollte. Er hat immer nach etwas gesucht, nach etwas in der Zukunft und diese Zukunft ist nie gekommen.

Die Suche ist gescheitert und sie *musste* fehlschlagen. Sie ging von der falschen Voraussetzung aus, dass da eine Person ist.

Eine Person, die sich unvollständig fühlte und diesem Gefühl ein Ende bereiten wollte. Wenn erkannt wird, dass da niemand ist, löst sich die Suche auf.

Und so scheitert die Suche, sie scheitert vollkommen und du bleibst hier zurück, sitzend, in einem Raum, auf einem Stuhl. Das ist es. Hier sitzend. Einfacher Raum. Einfacher Stuhl. Mit Hunger im Bauch. Gegenwärtige Geräusche. Essensgerüche. Eine Fliege brummt da drüben. Was für eine Riesenenttäuschung ist das für einen Verstand, der um so vieles mehr erwartet hat! „Wir sind auf ganzer Linie gescheitert! Wir haben nicht bekommen, was wir wollten! Wir haben unsere Ziele nicht erreicht!" Wir nennen diese Nachricht „hoffnungslos", weil sie uns nur mit dem hier zurücklässt, und wir hängen immer noch an der Hoffnung auf eine Rettung in der Zukunft. Im Geheimen glauben wir immer noch, dass eine Rettung in der Zukunft möglich ist! Wir schauen uns um und sagen: „Das? Das ist gar nichts!" Das ist so, weil wir erwarten, alles in der Zukunft zu bekommen.

Aber wenn alle Hoffnung gegangen ist, wirklich gegangen, dann geht auch die Hoffnungslosigkeit. Du fühlst dich nur hoffnungslos, wenn du immer noch an der Hoffnung hängst. An der Hoffnung, dass es mehr gibt als das, was ist. Aber wenn alle Hoffnung verschwunden ist, wirklich gegangen, gibt es keine Möglichkeit mehr, hoffnungslos zu sein. Hoffnung und Hoffnungslosigkeit lösen sich auf und du bleibst hier zurück, auf dem Stuhl sitzend und realisierst: „Eine Sekunde – das ist alles nicht so schlimm. Was passiert, ist nicht so schlecht. Tatsächlich ist es ganz schön erstaunlich! Der Stuhl ist bequem. Atmung passiert. Der Körper ist warm. Tatsächlich ist mit dem Augenblick überhaupt nichts verkehrt!" Und dann ist da die schockierende Realisation: Vielleicht ist es hier immer in Ordnung gewesen.

Verstehst du, wir haben *das* zeitlebens zum Feind gemacht. *Das* war nie gut genug. *Das* war zu gewöhnlich, zu glanzlos. *Das* war immer nur Mittel zum Zweck. Wir wollten das Außergewöhnliche. Wir wollten nicht *das* – wir wollten eine andere Welt, einen anderen Zustand, eine andere Erfahrung. Wir haben *das* zum Feind gemacht. Wir haben das Leben zum Feind gemacht. Das, was passierte, war für uns nie gut genug.

Aber wenn du wirklich anhältst und schaust und fühlst und schmeckst, wie unschuldig das Leben ist! Es ist kein Feind! Das Leben ist so unschuldig. Der Stuhl – alles, was er je getan hat ist, einfach da zu sitzen, sich selbst anzubieten: „Komm, setze dich, ruhe dich aus, ich bin für dich da", flüstert er. Und der Teppich, den du zuvor niemals wirklich zur Kenntnis genommen hast, weil du so damit beschäftigt warst, nach einem Erwachen in der Zukunft Ausschau zu halten – sieh, wie er da einfach liegt, sich selbst anbietet, flüstert: „Komm, steh auf mir, ich will nichts dafür." Du hast den Teppich nicht gesehen, weil du zuerst erleuchtet werden wolltest. Du wolltest eine erleuchtete Person sein, die auf dem Teppich steht! Du hast fünfzig Jahre an dir selbst gearbeitet oder dich dem Nirvana entgegen meditiert, bevor du den Teppich gesehen hast. Oder vielleicht wolltest du darauf warten, bis du „vollkommen präsent" bist, bevor du dir erlauben wolltest, den Teppich zu sehen! All das war ein Aufschieben. Es war eine Bewegung weg. Es war eine Bewegung in eine Zukunft, die niemals kam. Dabei war der Teppich immer so unschuldig. Er lag die ganze Zeit über einfach da, sich selbst anbietend.

Das Leben ist immer hier passiert, aber wir waren so beschäftigt weiterzukommen.

Wir haben auch die Decke verpasst. Wir waren zu sehr mit dem Versuch beschäftigt, uns selbst zu verändern, uns zu transformieren, etwas oder jemand anderes zu werden. Wir haben uns nichts aus der Decke gemacht, wir wollten unter dieser Decke erwachen! Dabei hat dich die Decke die ganze Zeit über so behutsam und sanft daran zu erinnern versucht, dass es so etwas nicht gibt, dass du dir selbst etwas vormachst, dass *das* alles ist, was ist. Die ganze Zeit über war die Decke ein geheimer Ausdruck des Göttlichen. Ja, Einssein war immer da, versteckt in der Decke, im Teppich, in der Kleidung, in der Atmung, in allem. Es war immer da, aber wir waren verdammt noch mal zu sehr mit dem Versuch beschäftigt, unser fiktives Selbst zu verbessern, um das mitzukriegen.

Wir wussten niemals wirklich, was wir zu erreichen versuchten, wir wussten einfach nur, dass das nicht genug war. Und so haben wir uns nicht mit dem Stuhl abgegeben, schließlich dachten wir, dass wir eine Zukunft hätten. Wir haben uns nicht mit der Decke abgegeben, weil wir dachten, dass wir eine Zukunft hätten. Wir haben uns nicht mit dem Leben, mit dieser Lebendigkeit abgegeben, weil wir dachten, wir hätten eine Zukunft. Wir kauften uns in die spirituelle Suche ein. Wir kauften uns in die Geschichten erleuchteter Wesen ein. Wir glaubten an die Lehren.

Irgendwann hat dir die Welt erzählt, dass du eine kleine „Person" bist, ein getrenntes „Ich", das es schaffen muss, das Erfolg haben muss, das jemand werden muss – und du hast das geglaubt. In deiner Unschuld hast du all das geglaubt. Du hast es zu der Zeit einfach nicht besser gewusst.

Also, jetzt können wir erwachsen werden. Wir können reif werden. Wir können es so sehen, wie es ist: Das Wunder taucht genau vor unseren Augen auf. Wie durch Zauberhand ist es hier. Und wie unschuldig das alles ist! Von dieser Unschuld waren wir niemals getrennt, nicht für einen Augenblick. All die Jahre, die wir mit dem Versuch zugebracht haben, die Trennung zu beenden! Jetzt entdecken wir, dass wir von Anfang an nicht getrennt waren! Und dass der Stuhl und die Decke uns immer dahin zurückgerufen haben und dass der Teppich uns dahin zurückgerufen hat. Sie haben immer auf das Zuhause hingewiesen.

Wir hingen so an unseren Lehrern – an denjenigen, die uns zu erklären versuchten, wie wir leben sollten, weil sie glaubten, dass sie die Antworten gefunden hätten und diese guten Nachrichten weitergeben wollten – dass wir das vollkommen Offensichtliche verpassten: Das Leben selbst hat immer versucht uns zu lehren, das Leben selbst war immer der eine und einzige Lehrer. Wir waren so damit beschäftigt, die Erfahrung des Erwachens zu ergründen, die Glückseligkeitserfahrung, Erfahrungen aus zweiter Hand, über die wir gelesen hatten, dass wir *diese* Erfahrung verpassten. Wir waren so damit beschäftigt, nach der außergewöhnlichen Erfahrung Ausschau zu halten, dass wir die gewöhnliche Erfahrung verpassten. Wir waren so damit beschäftigt uns selbst vorzumachen, dass wir „spirituelle Menschen" sind und deshalb mit anderen „spirituellen Menschen" zusammen sein müssen, dass wir die alte Frau auf der Straße übersehen haben, die wahrscheinlich mehr auf das Leben ausgerichtet ist, als irgendjemand sonst und dabei nicht einmal weiß, was die Worte „spirituell" und „erwacht" bedeuten.

* * *

Du siehst das immer zum letzten Mal. Dir wird niemals ein weiterer Augenblick garantiert. Es ist so kostbar, so zerbrechlich. Es ist immer das letzte Mal, dass du den Stuhl siehst, das letzte Mal, dass du die Decke siehst, dass letzte Mal, dass du den Teppich siehst. Das letzte Mal, dass du deine Hände siehst. Der letzte Atemzug. Es ist einfach nur überheblich zu glauben, dass du einen weiteren Tag hast. Einen anderen Augenblick. Was für eine Überheblichkeit! Warum verdienen wir einen weiteren Augenblick? Nun, die Schönheit ist, dass wir ihn nicht verdienen, aber trotzdem bekommen. Und das ist Gnade. Wir verdienen ihn nicht und bekommen ihn trotzdem, bis wir ihn nicht mehr bekommen.

Meine Güte, wir waren so ungezogene Kinder! Wir haben so viele böse Dinge in unserem Leben getan. Haben uns so über andere geärgert! Und jetzt ist es hier – ist es gegeben.

Das ist unverdient. Ungerechtfertigt. Ein Geschenk, das trotz allem, was wir getan haben, gegeben wird. Trotz dem, was wir erreicht oder nicht erreicht haben, was wir geglaubt oder nicht geglaubt haben. Wir sind nichts und trotzdem wird uns in diesem Moment alles gegeben. Was für eine Überheblichkeit zu glauben, dass wir irgendetwas mehr verdienen! An der Wurzel der ganzen spirituellen Suche ist Arroganz, Narzissmus, Ego. An seiner Wurzel ist ich, ich, ich. Ich verdiene dieses! Ich verdiene jenes!

Das ist also der Punkt, an dem alles beginnt: Ich. Ich will. Ich brauche. Dieses „Ich", diese Person sieht so solide aus, so real und dennoch ist sie im tiefen traumlosen Schlaf einfach nicht vorhanden. Die Person mit ihren Wünschen, Zielen und Bedürfnissen ist einfach nicht da. Deshalb ist die ganze Suche auf

Leerheit gegründet. Sie hat keinen Grund. Sie ist ein Luftschloss.

Vor dem „Ich", vor „ich will, ich brauche" ist nichts. Vor dem „Ich" gibt es keine Wünsche, keine Bedürfnisse. Es ist vollständig. Nichts fehlt. Bevor die Suche aus dem Nichts erscheint, fehlt nichts.

In dem Augenblick, in dem sich die Suche zeigt, fehlt etwas. Dann wenden wir uns an die Welt, um das Gefühl des Mangels zu beenden, dann erscheinen Lehrer. Die Lehrer sind eine Projektion unseres Gefühls, dass etwas fehlt.

Und die Lehrer ihrerseits versprechen dir etwas in der Zukunft. Etwas, das sie haben und das du, wenn du Glück hast und hart genug arbeitest, auch haben kannst. All das verstärkt das Gefühl der Unvollständigkeit, das Empfinden, eine getrennte Person zu sein, die „noch nicht da" ist. Und die Lehrer lieben das, weil ihr Selbstbild an seinem Platz bleibt und sie nicht länger von der Leere bedroht werden, wenn du dich verloren fühlst und sie dir den Weg zeigen können.

Scheinbar können wir die Lehrer einfach nicht gehen lassen und dem Leben allein und ohne Autorität direkt ins Gesicht schauen, ohne Sicherheitsnetz. Weil den Lehrer loszulassen bedeuten würde, auch den Schüler gehen zu lassen. Wer würdest du sein, wenn du nicht länger Schüler wärest? Um den Lehrer gehen zu lassen, müssen wir uns selbst gehen lassen. Das ist ein Tod. Vielleicht haben wir uns zeitlebens entsprechend unserem spirituellen Weg, unseren Übungen und Lehrern definiert. Wir haben uns selbst als Suchende gesehen. Wer würden wir ohne die Suche sein? Wer würde ich sein, wenn ich kein Suchender mehr wäre? Diese Frage kann eine erschreckende sein.

Deshalb interessieren sich die meisten Leute nicht für diese Nachricht. Sie wollen Suchende bleiben. Sie wollen leben, nicht sterben. Und das ist gut, dass ist auch Teil des Spiels. Aber für diejenigen, die bereit sind, das zu hören, was hier mitgeteilt wird, besteht die Möglichkeit, den Lehrer loszulassen, den Weg, den Suchenden und für sich allein zu stehen, ohne Krücken, ohne irgendeinen Referenzpunkt. Die Möglichkeit ist, ohne Karte und Reiseführer zu leben. Es gibt die Möglichkeit, im freien Fall zu leben, der Rauheit der Erfahrung zu begegnen, ohne jemanden, der dir sagt, wie du dich fühlen sollst, was zu denken ist, wie es verändert werden kann. Ohne Mama und Papa zu sein. Ohne deine Idee von Gott. Ohne Himmel und Hölle. Ohne Welt.

Ohne Vergangenheit und Zukunft zu sein, ist Freiheit. Vollkommen allein zu sein, aber niemals und für keinen Augenblick einsam. Das Leben direkt treffen. Anerkennen, dass du von der lebenslangen Suche einfach erschöpft bist, vom Vortäuschen, vom Versuch, die Rauheit der Erfahrung zu vermeiden. Das Leben in vollkommener Klarheit sehen und wissen, dass es immer das Wunder war. Zu sehen, dass es niemals dein Leben war.

Das ist, was wir „Tod" nennen. Und wir fürchten das. So ungesund ist der Verstand geworden.

* * *

So endet das alles in einem absoluten Mysterium. Es endet im Erstaunen. Es endet in Dankbarkeit. Es endet in Einfachheit. Es endet, wie es angefangen hat, in Unschuld. Jesus sagte: „Wenn ihr nicht werdet wie die Kinder, dann werdet ihr nicht ins Himmelreich gelangen." Und das ist es, wovon er sprach.

Du bleibst allein mit dem Mysterium zurück, alles taucht daraus auf und alles fällt dahinein zurück. Wo das alles herkommt und wo es hinführt, weiß niemand. Wer vorgibt das zu wissen, täuscht dich. Das Mysterium kann nicht gewusst werden. Niemand weiß das.

Es kommt aus dem Nichts und fällt ins Nichts zurück, und zwischendrin ist dieses erstaunliche Spiel. Nichts spielt, alles zu sein. Einssein spielt das Spiel, getrennt zu sein. Wir können das Mysterium niemals finden, wir können das Erwachen niemals erreichen, weil wir es immer schon gelebt haben. Wir haben es immer gelebt. Und natürlich, *wir haben* es überhaupt nicht gelebt, *es* lebt sich selbst. *Es* wacht am Morgen auf, putzt sich die Zähne und geht zur Arbeit. *Es* wäscht ab, geht mit Freunden aus, kommt nach Hause und geht ins Bett. *Es* tut alles.

Immer war etwas hier, das still, sanft und unschuldig dabei zugesehen hat, wie das Wesen Jeff geboren wurde, aufwuchs und sein Leben lebte und es wird still, sanft und unschuldig dabei zusehen, wie Jeff alt wird, wie er krank wird und stirbt. Es wird gelassen und mit Liebe zusehen, wie der Körper zu funktionieren aufhört und einem unerwünschten Kleidungsstück gleich abfällt. Dieses Spiel wird sich selbst zu Ende spielen und dieses Wesen wird sein Leben leben, und alles wird von einer namenlosen Liebe umarmt sein. Es spielt einfach keine Rolle mehr, was diesem Wesen passiert. Es spielt einfach keine Rolle mehr. Wenn Jeff also morgen von einem Bus überfahren wird – okay, okay, ich kann das nehmen. *Das* ist genug gewesen.

Der Ursprung der Welt ist mit seinem Ende identisch.

Alles, was am Ende der Welt übrig bleibt, ist eine alles überschreitende Dankbarkeit für das Gegebene.

Das…

Ich bin bei einem Nondualitäts-Treffen mit Jeff Foster. Eine Frau stellt eine Frage. Sie möchte Einssein erfahren; sie sucht nach Tipps und Hinweisen. Ihr Stift ist bereit, Notizen zu machen. Die Stimme vermischt sich mit Wärme im Bauch, einem leichten Schmerz im linken Fuß und dem unbestimmten Geruch eines Aftershaves. Jemand links von mir hustet und putzt sich die Nase. Eine Auto hupt. Der Ort ist lebendig.

Die Worte der Frau werden irgendwo wahrgenommen. Ich höre nur die Melodie ihrer Stimme. Alles im Raum tanzt zur Melodie. Das Auto, der sich die Nase putzende Mann, das Kind, das hinten gelangweilt guckt, sie alle sind in einen geheimnisvollen Tanz verwoben.

Die Frau setzt sich. Sie erkennt nicht, dass der Klang ihrer Stimme ihre Frage bereits beantwortet hat.

Stille. Ich habe keine Antwort für sie. Das ist ohne Frage und Antwort. Ich bin ein Kind, ich weiß nichts von Nondualität. Alles, was ich weiß, ist Autogehupe, eine Hauch von Aftershave, das Putzen von Nasen und das Schmerzen der Füße. Das ist, wo ich lebe. Genau hier, nicht in einer anderen Dimension.

Der Mund öffnet sich zum Sprechen, obwohl ich keine Ahnung habe, was zu sagen ist.

„Schatz, hast du den Zucker mitgebracht?"

Amy und ich sitzen am Strand von Brighton, schauen aufs Meer und trinken Tee aus Papptassen. In Stille, wir schmusen und sehen dem Ärmelkanal dabei zu, wie er ein und ausatmet. Eine Möwe kommt auf uns zugewatschelt, kreischt schrill und kackt auf die Kiesel.

6
Eingeständnis / Bekenntnis 2

* * *

Wenn du Antworten willst, wenn du etwas lernen willst, wenn du etwas „bekommen" willst, wenn du getröstet werden willst, geh zu einem Lehrer.

Wenn du von der Suche erschöpft bist, wenn du darauf vorbereitet bist alles zu verlieren, wenn du bereit bist zu sterben und nach Hause zu kommen, dann lies weiter …

* * *

Manchmal stellen mir Leute sehr komplizierte Fragen über die Natur der Wirklichkeit. Oft sieht es so aus, als ob sie nach etwas schauen würden, das sie nicht finden können. Eine Art Verzweiflung ist in ihren Augen. Es ist wie eine Sehnsucht nach etwas, das sie nicht benennen können.

Wenn sie nur erkennen könnten, dass die Antwort auf ihre Fragen genau hier ist, buchstäblich im Klang ihrer Stimme, die die Fragen stellt.

Deine Stimme ist Gottes Gesang. Deshalb spielt es nicht wirklich eine Rolle, wie die Frage ist, weil die Antwort immer dieselbe ist.

* * *

* * *

Alles Leiden ist eine Variation von „das ist nicht genug".

Wenn das, was passiert, genug ist, kann da nichts sein, das Leiden genannt wird.

Und schau – was passiert ist genug.
Woher du das weißt? Es passiert!

* * *

Es gibt keinen Weg, der dich diesem näherbringen wird.

Niemand muss dich lehren, wie zu atmen ist. Niemand muss dich lehren, wie zu „sein".

Das Sein bedarf es nicht, dass du „Sein" übst. Das Sein ist bereits vollkommen es selbst. Du brauchst dem Sein keine weitere Schicht hinzuzufügen.

Da ist Sein und da ist eine Person, die „Sein" praktiziert. Und der kosmische Witz? Die Person, die „zu sein" praktiziert, ist bereits 100% Sein. Das Sein praktiziert sich selbst. Sein ist Sein selbst, vollkommen! Aber das ist in jedem Fall wahr, egal, ob du Sein praktizierst oder ein Bier trinken gehst. Nichts ist „spiritueller" als etwas anderes. Das wird nur ungern gehört, wenn du deiner „spirituellen" Person sehr verhaftet bist.

* * *

* * *

Du wirst dich selbst niemals von der Suche befreien. Du *bist* die Suche.

Du verwendest die Suche, um dich von der Suche zu befreien. Das Ende der Suche zu suchen ist mehr Suche als je zuvor. Meine Güte, das ist wie ein Hund, der seinem eigenen Schwanz nachjagt. Kein Wunder, dass das spirituelle Spiel zu so viel Verwirrung und Frustration führen kann.

* * *

Halte für möglich, dass du diese Worte nicht liest.

* * *

* * *

Der Einzelne schaut sich in der Welt um und fragt: „Was soll das alles? Was bedeutet das Leben?"

Wenn es in der Manifestation um irgendetwas geht, dann um das Sehen. Alles ist da, um gesehen zu werden.

Es ist, wie aus einem Traum aufzuwachen und sich zu wundern, worum es im Traum eigentlich ging. Nun, von innerhalb des Traums könnte es eine Million unterschiedliche Antworten auf die Frage geben. Eine Million verschiedene Meinungen, Erklärungen und Theorien.

Aber wenn du aus dem Traum rausgehst – und natürlich ist das nichts, was *du* tun kannst – wird erkannt, dass der Traum nur immer wieder an dieselbe Stelle geführt hat.

Innerhalb des Traumes von Raum und Zeit sah es so aus, als ob A nach B führen würde. Im Aufwachen wird gesehen, dass A immer nur zum Aufwachen geführt hat. So hat es also tatsächlich nicht wirklich irgendwohin „geführt", weil es außerhalb des Traumes keine Zeit gibt und daher auch keine Kausalität.

Alles im Traum weist auf die Möglichkeit der Befreiung hin.

* * *

Alles, was jemals in deinem Leben passiert ist, war völlig angemessen. Alles ergab sich, um den Darsteller da zu treffen, wo er oder sie war. Natürlich war das so: Alles, was jemals passierte, ist eine Projektion deiner selbst gewesen.

Es war alles vollkommen angemessen, weil alles zurück *hierher* gewiesen hat. Alles, was jemals passiert ist, hat auf *das* hingewiesen. Gerade jetzt ist deine Lebensgeschichte einfach nur eine Geschichte, die derzeit erscheint. Gerade jetzt könnte keine andere Geschichte aufkommen. Wie gesagt, es ist als ob du aus einem Traum erwachst und erkennst, dass der Traum *der einzige war, den du gehabt haben konntest.*

Wir haben alle den „richtigen Traum" geträumt. Die Leute denken, dass sie ihren Traum verbessern müssten, um das, was Befreiung genannt wird, zu erreichen. Aber befreit spielt es keine Rolle mehr, was im Traum passiert ist. Außerdem würde der Versuch, den Traum zu verändern nur weiteres Träumen sein.

* * *

Einer Person kann das Leben so ernst erscheinen. Wenn du geboren wurdest und eines Tages sterben wirst und wenn du nur eine bestimmte Zeit zu leben hast, bevor du stirbst, dann ist das Leben ernst.

Wenn das alles wegfällt, verschwindet auch die Ernsthaftigkeit. Es wird unmöglich, etwas zu ernst zu nehmen. Es wird unmöglich, sich zu sehr in die Geschichten der Welt zu verwickeln. Und dennoch kannst du aus Spaß an der Freude mit der Welt spielen. Obwohl da kein „ich" ist und keine Welt, spiele ich wie ein Kind und tue so, als ob da ein „ich" *ist* und eine Welt.

Und dann bekomme ich auch ein „du", was wunderbar ist. Und nicht nur ein „du" sondern auch ein „er" ein „sie" und ein „sie" [Plural]. Aus dem Nichts erscheint diese erstaunliche Traumwelt. Es ist ein Tanz, es ist ein Spiel aus Licht und Klang und es ist alles so überaus kostbar, weil es alles ist, was ist.

Ja, die Ernsthaftigkeit verschwindet, die Schwere. Ich war so ernst bezüglich etwas, das Spiritualität genannt wird! Ich war gewohnt, das, was Nondualität genannt wird, sehr schwer zu nehmen! Ich war sehr ungehalten, wenn die Menschen nicht sahen, was ich sah! Ich war so wütend auf all die unerleuchteten Leute! Ich habe etwas überaus ernst genommen, dass Freiheit genannt wird.

Das Leben ist leicht; es hat kein Zentrum. Es gibt keinen Bezugspunkt. Es spielt einfach. Spiele mit. Was gibt es anderes zu tun, wenn es die Suche nicht mehr gibt?

* * *

Du wirst niemals vollkommen *gegenwärtig* sein. Wenn du völlig gegenwärtig wärest, würdest du zerstört werden. „Du" und Präsenz können nicht koexistieren.

Wir sagen: „Ich werde jetzt präsent sein." Aber um die Präsenz zu erreichen, versuchen wir Zeit in Anspruch zu nehmen. Wir versuchen Zeit zu verwenden, um das Zeitlose zu erreichen.

Es gibt nur Präsenz; alles passiert bereits in einer vollkommenen Präsenz. Selbst die ausgeklügeltsten und hypnotischsten Gedanken über Morgen und Gestern finden in der Gegenwart statt. Das „Du", das so sehr versucht, präsent zu werden – dieses „du" läuft bereits in der Präsenz ab!

Tatsächlich kannst „du" nichts tun, geschweige denn, präsent werden. Eine Geschichte kann nichts *tun*. Eine Geschichte ist einfach nur eine Ansammlung von Gedanken, und eine Gedankenansammlung hat keine Kraft. Aber das will der Verstand nicht hören! Er fühlt sich von dieser Nachricht bedroht.

Wie wunderbar ist es, zu sehen, wie machtlos du wirklich bist. Wie wunderbar ist es aufzugeben und sich in der überwältigenden Anstrengungslosigkeit dessen aufzulösen. Gekreuzigt zu werden und ins Ewige Leben hinein zu sterben. Was für eine Erleichterung, nicht länger etwas *tun* oder *sein* zu müssen. Natürlich kannst du immer noch *tun* und *sein* spielen, aber die Ernsthaftigkeit ist nicht mehr da.

* * *

Du willst erwachen? Finde zuerst heraus, ob da überhaupt jemand auf dem Stuhl sitzt. Wenn erkannt wird, dass niemand auf dem Stuhl sitzt, wird auch in aller Klarheit gesehen, dass da niemand ist, der jemals erwachen könnte.

* * *

Das Geräusch des fallenden Regens draußen. Aber wer hört es? Und wo ist „draußen"? Höre ganz. Nur das Geräusch ereignet sich: *plitsch platsch plitsch platsch*. Nur das Geräusch, aber wo ist die Person, die hört? Du wirst diese Person niemals finden. Du wirst immer nur das *Plitsch Platsch Plitsch Platsch* finden. Geräusche passieren einfach.

Und es passiert nicht „draußen" im Gegensatz zu „drinnen". Es passiert genau hier, am einzigen Ort, an dem jemals etwas passiert ist. Jenseits von drinnen und draußen, jenseits der Gegensätze, die unser Leben definieren – alles passiert hier. Der Regen, Gedanken, Kriege, Völkermorde, Rockkonzerte, das Sonnensystem, Schmerz, alles.

Und dann erkennst du, dass es in Wirklichkeit auch kein „Hier" gibt. „Hier" benötigt ein Gegenüber, „dort".

Wenn selbst diese Trennung wegfällt, ist alles, womit du zurückbleibst … na, *plitsch platsch plitsch platsch*.

Und vielleicht nicht einmal das.

* * *

So etwas wie Stille gibt es nicht. Wenn du wirklich auf die Stille hörst, wirst du herausfinden, dass sie nur so vor Lebendigkeit strotzt, vor Leben. Die Stille ist Lärm. Lärm ist Stille. Sie sind nicht zwei.

Unser Problem ist, dass wir Stille wollen und nicht den Lärm. Wir wollen lieber einen stillen Verstand als einen lautstarken. Es ist, als ob wir in Stille meditieren wollen, aber die kleine brummende Fliege macht zu viel Krach und stört so unsere Meditation. Also wird die Fliege zurückgewiesen.

Mit Gedanken ist es dasselbe. Wir wollen nette, glückliche, spirituelle, liebende Gedanken, aber nicht die andere Art von Gedanken. Wenn also die anderen, die brummenden, fliegenartigen Gedanken auftauchen, ist da das Bemühen sie loszuwerden. Wir befinden uns im Krieg mit uns selbst. Verstand ist im Krieg mit Verstand.

Wenn dieser Krieg aufhört, ist es den Gedanken erlaubt, einfach da zu sein. Jedem Gedanken. Allen Gedanken. Ihnen allen steht ein Platz zu. Weil es nicht länger das Interesse gibt, etwas näher zu kommen, dass „Stille" genannt wird, und etwas auszuschließen, dass „Lärm" genannt wird, können alle Fliegen der Welt kommen und so lange bleiben, wie sie wollen. Das ist Liebe.

* * *

Du kannst das Denken nicht anhalten. Hast du das Denken angefangen? Wenn du das Denken hervorbringen würdest, wenn du die schmerzhaften Gedanken kreieren würdest, dann wärest du in der Lage damit aufzuhören. Du wärest in der Lage, genau jetzt aufzuhören. Vor allem hättest du damit niemals angefangen.

Erkannt? Es sind nicht deine. Genauso wie der Vogel, der dort singt, nicht deiner ist, ist dieser Gedanke nicht deiner. Vögel singen, Gedanken passieren, Ende der Geschichte.

* * *

Da hätte *nichts* sein können. Und dennoch scheint *etwas* hier zu sein. Da hätte eine dunkle, leere Leere sein können, mit niemandem, der sie erkennt. Und dennoch scheint hier etwas zu passieren. Es scheinen Anblicke, Geräusche, Gerüche, Farben und Bewegungen da zu sein. Körper, Bäume, Blumen, Autos. Kriege, Krebs, kleine Hunde. Es hätte nichts da sein können und dennoch ist da was.

Das ist das einzige Wunder. Es gibt keine Notwendigkeit, davon einen Schritt wegzugehen. Wir sehen immer, wie sich das Wunder vor unseren Augen entfaltet. Erkennen wir, was wir für ein Glück haben?

* * *

Die Leute fragen: „Wenn alles Eins ist, warum scheint es dann Trennung zu geben?"

Nur eine getrennte Person kann so etwas fragen. Die Welle schaut sich im Ozean um und fragt: „Warum sind da so viele Wellen, wenn alles der Ozean ist?"

Aber natürlich gab es zu keiner Zeit eine getrennte Welle. Und so verschwinden die Fragen, und die Antwort wird vollkommen offensichtlich.

* * *

Warum scheint Eins als zwei zu erscheinen? Nun, in Wirklichkeit ist das nicht so. Einheit *erscheint* nicht als etwas. Sie *ist* alles, was erscheint.

In Wirklichkeit tut Einheit nichts, weil sie von nichts getrennt ist! Wir sollten es nicht wirklich Einheit nennen, aber das ist so gut wie jedes andere Wort. Wir könnten uns damit verrückt machen, über Worte zu streiten …

* * *

Bei vielen spirituellen Lehren geht es darum, deine Aufmerksamkeit in den gegenwärtigen Augenblick zurückzuholen, dem Aufmerksamkeit zu schenken, was ist, allem zu erlauben zu sein, oder irgendwie zu versuchen, damit in Frieden zu sein, was ist.

Was ich vorschlage ist, dass hier *nur* das ist, was stattfindet und niemand da ist, der dem Aufmerksamkeit schenken könnte, der alles erlauben oder mit dem, was passiert, in Frieden sein könnte. Denn das würde eine Trennung von dem andeuten, was ist und das ist die grundlegende Illusion, die mit der Befreiung wegfällt. Nein, es gibt nur gegenwärtige Anblicke, Geräusche und Gerüche, aber da ist niemand, der präsent sein könnte oder auch nicht.

„Ich bin mit dem, was ist", ist einfach nur eine weitere *Identität*.

Wenn niemand da ist, der anwesend sein kann, wird die Idee, anwesend zu sein, hinfällig. Dann ist da nur Gegenwärtigkeit und niemand ist da, um das zu wissen.

* * *

Vor der Selbstkontraktion, vor dem „Ich", gibt es keine Welt. Da ist nur Bewusstsein, ohne jemanden, der sich bewusst sein könnte, nur Bewusstsein, aber niemand, der bewusst ist. Nur Sein, das vollkommen es selbst ist und sich seiner selbst vollkommen unbewusst ist. Denn vor dem „Ich" gibt es keine zwei, aber es bedarf Zweier, damit sich etwas seiner selbst bewusst sein kann.

Vor dem „Ich" gibt es absolut nichts, und niemanden, der es als Nichts kennen kann. Und jede Nacht im Tiefschlaf, wenn die Selbstkontraktion wieder in den Ozean des Seins zurückfällt, wenn sich der Körper nach einem Tag des Zusammengezogenseins selbst heilt, ist da Ganzheit, die das getrennte Individuum niemals finden kann.

Am Morgen geschieht das Zusammenziehen des Selbst. Das Selbst zieht sich zusammen, um die Illusion einer getrennten Welle auf dem weiten Ozean darzustellen. Und bevor du es weißt, hast du wieder ein menschliches Sein. Du hast eine Person, die auf die Welt schaut und Zeit wahrnimmt, Raum, Geburt und Tod. Du hast ein Individuum, das sich auf einer bestimmten Ebene danach sehnt, von der Individualität frei zu sein und das den Rest seiner Tage damit zubringen wird, diese Freiheit auf unendlich vielen Wegen zu suchen.

Und doch ist der Einzelne jede Nacht im Tiefschlaf ausgelöscht. Es zeigt sich, dass etwas, was so solide und real aussieht, eine Fata Morgana ist. Wie tragisch ist es, wenn es aus dem Zusammengezogensein angeschaut wird. Und doch, wie perfekt ist das alles, wie spielerisch, wie *leicht und licht*, wenn es in Klarheit gesehen wird.

* * *

Da ist ein Spiegel. Und plötzlich tanzen Atome und Ozeane und Kriege und Supernovas vor dem Spiegel und werden reflektiert. Du schaust der Reflexion zu: Liebende umarmen sich, ein Mann bekommt Krebs und stirbt, jemand gibt Leben, ein anderer wird ein großer Schauspieler oder ein erfolgreicher Geschäftsmann, ein anderer wird vom Krebs geheilt, ein anderer wird ein spiritueller Lehrer, ein anderer verliert sein ganzes Geld. Und dann, einen Moment später, endet der Tanz und du schaust in den Spiegel, untersuchst ihn von ganz nah und siehst, dass er so sauber und unschuldig und frisch ist, wie er es war, bevor der Tanz begann. Der Spiegel ist durch nichts von alldem verunreinigt worden.

Dann erkennst du, dass es keine Möglichkeit gibt, den Spiegel von dem zu trennen, was sich in ihm reflektiert. Die Reflexion ist der Spiegel und der Spiegel ist die Reflexion. Sie sind nicht-zwei.

Und dann erkennst du, dass nicht einmal der Spiegel wirklich da ist. Und du auch nicht.

* * *

Der intelligente Mensch fragt: „Wenn es kein ‚ich' gibt und kein ‚du', warum sollte es dann überhaupt Mitgefühl geben? Warum sollten wir uns nicht einfach zurücklehnen und die Welt leiden lassen?" Das ist eine sehr gute Frage.

Die Essenz des Mitgefühls ist, dass wir nicht zwei sind, dass dein Schmerz mein Schmerz ist, dass dein Leiden mein Leiden ist. Nur weil wir nicht getrennt sind, kann da überhaupt Mitgefühl sein. Daher sehe ich die alte Frau, die versucht die Straße zu überqueren und sich mit ihren schweren Einkaufstaschen abmüht, und obwohl wir nicht getrennt sind, obwohl es kein „(m)ich" gibt und keine „alte Frau", obwohl das alles nur ein Traum ist und ihr Leiden eine Täuschung des Verstandes ist, obwohl wir hier jahrelang sitzen und darüber argumentieren könnten, was real ist und was nicht, bemerke ich, dass sich dieser Körper bewegt, die Straße überquert und der alten Frau hilft, die für mich nicht existiert und nicht existieren kann.

Denn natürlich – in Wirklichkeit hilft es sich selbst. Es sieht sich selbst als alte Frau und da ist der Antrieb, sich selbst über die Straße zu helfen. Was gibt es sonst noch zu tun, wenn du nicht bist? Wenn es hier nichts abzuwehren gibt, ist dem Passierenden gegenüber nichts als Offenheit.

Und jetzt bemerke ich, wie die Füße die Straße überqueren. Jetzt, wie sie still stehen. Jetzt bewegt es sich und jetzt nicht. Es gibt keine Möglichkeit, zu wissen, wohin das führt. Es bewegt sich oder nicht.

Es scheint nicht zu stagnieren. Es scheint sich nicht zurückzulehnen und zu sagen: „Es ist alles ein Traum. Also warum sich damit belästigen? Nichts ist wirklich, also was ist der Punkt?" Nein, es hat keine Zeit für solche starrsinnigen Konzepte aus zweiter Hand. Es ist völlig lebendig. Es antwortet dem Leben und nichts anderes. Die ganzen intellektuellen Diskussionen und Debatten können die Lebendigkeit dessen nicht berühren.

Es bewegt sich, um der alten Frau zu helfen oder nicht. Es hilft, wenn es kann und es hilft nicht, wenn es nicht kann. Es kommt nicht von der starren Haltung her: „Ich muss eine gute Person sein. Ich muss alten Frauen über die Straße helfen." Nein, es kommt aus keiner konzeptionellen Position. Wenn es aus einer konzeptionellen Haltung käme, würden seine Handlungen unflexibel sein, erzwungen und vielleicht sogar unangemessen. Es ist möglich, dass Hilfe das letzte ist, was die alte Frau braucht! Wenn du von einer festen Haltung her kommst, von einer bestimmten Moral, von einer Liste mit Regeln, die dir mitgegeben wurde, könntest du anfangen jemandem Hilfe aufzuzwingen, der in diesem Moment nichts anderes bräuchte, als allein gelassen zu werden. Manchmal ist das „Mitfühlendste", einfach wegzugehen.

Es antwortet auf das, was passiert und seine Antworten sind immer frisch und unwissbar. Und danach ist da nicht das Gefühl, eine gute Person zu sein oder eine mitfühlende Person, weil völlig klar ist, dass dahinein keine Person verwickelt war!

Es gab einfach den Antrieb zu helfen, oder nicht. Du kannst dir nicht anrechnen, was du nicht getan hast.

Das ist die Essenz des Mitgefühls: Zugunsten dessen, was passiert, zu verschwinden. Sich im riesigen offenen Raum aufzulösen, in dem sich ein ganzer Kosmos ausspielen kann, ein Raum, der vom Kosmos nicht getrennt ist.

Und deshalb – wieder einmal – das Ganze endet im Mysterium all dessen. Dem Mysterium, alten Damen über die Straße zu helfen!

* * *

Nichts ist dauerhaft. Das Leben ist so überraschend zerbrechlich, so wunderbar transparent. Was du hast, kannst du verlieren. Die, die du liebst, könnten sterben. Deine großartigsten Errungenschaften könnten vergessen werden.

Wie die Buddhisten schon immer gesagt haben: An der Wurzel allen Leidens ist die Anhaftung an das, was flüchtig ist. Und so mag es den Versuch geben, alle Anhaftungen aufzugeben, um in einen Zustand von Nichtanhaftung zu gelangen. Aber das wird nur wieder zu einer neuerlichen Anhaftung, vielleicht zur größten von allen. Der Anhaftung an die Nichtanhaftung. Was passiert, wenn alle Anhaftungen wegfallen?

* * *

* * *

Im Zentrum des Kreuzes ist das Ewige Leben. Mitten im Herzen des fürchterlichsten weltlichen Leidens, inmitten gebrochener Knochen und in Fetzen gerissener Haut, genau da war Ewigkeit. Jesus hat nicht versucht, dem Kreuz zu entkommen, sondern sich seinem Tod bereitwillig zugewandt, weil er wusste, dass alle Gewalt der Welt das Unzerstörbare nicht zerstören kann, das Unerschütterliche nicht erschüttern kann, das Ungeborene nicht berühren kann – die unsterbliche Essenz des Lebens selbst.

* * *

Buddha wurde niemals erleuchtet.

Jesus wurde nicht gekreuzigt.

Wie kann das sein?

Ein Zen Koan für dich!

Hinweis: Wenn es niemanden gibt, wer kann dann etwas tun, ganz zu schweigen von erleuchtet werden oder am Kreuz sterben?

* * *

* * *

Der Tod ist nicht „etwas", um sich davor zu fürchten, denn er ist überhaupt nichts.

Jede Nacht sterben wir – wir realisieren es nur nicht. Jede Nacht hört „meine" Geschichte auf. Vergangenheit, Gegenwart, Zukunft fallen weg. „Ich und meine schwerwiegenden Probleme, ich und meine Errungenschaften, ich und meine spirituelle Suche, ich und meine unsichere Zukunft" – das alles fällt weg.

Im tiefen, traumlosen Schlaf ist absolut nichts da, überhaupt nichts, und niemand, der es als Nichts kennt. Im tiefen, traumlosen Schlaf bist du tot, keine Frage.

Warum fürchten wir den Tod? Jede Nacht üben wir uns darin!

Und dann wachen wir morgens auf und sagen: „Ich habe letzte Nacht gut geschlafen." Natürlich hattest du keinen guten Schlaf, weil du nicht da warst. Du hast überhaupt nicht geschlafen! Du schläfst nicht und du stirbst nicht.

Aber die Täuschung der Dauer muss weitergehen. Und so gibt es eine Anknüpfung: „Ich bin dieselbe Person, die ich gestern war. Ich bin derjenige, der sich schlafen gelegt hat und ich bin derjenige, der aufgewacht ist. Ich bin derjenige, der geboren wurde und ich bin derjenige, der sterben wird." Durch die Verknüpfung erhalten wir die Illusion, eine Person zu ein.

* * *

* * *

Niemand ist jemals gestorben.

Gerade jetzt ist da nur Gegenwärtigkeit. Ein paar Augenblicke vor dem, was wir Tod nennen, ist da nur Präsenz und danach ist nur Präsenz. Was wegfällt, ist die Person. Was wegfällt, ist die Person, die das Leben vom Tod scheidet, die Person, die den einen liebt und den anderen fürchtet. Alles, was wegfallen kann, fällt weg. Und was dann übrig bleibt, darüber lässt sich nichts wissen. Alles, was wir darüber sagen könnten, wäre rein konzeptionell.

So ist der Tod ein Sprung ins Unbekannte, ins Unwissbare, das Ungeborene, das Nichtsterbende. Und selbst das zu sagen, ist zu viel. Selbst das sagt nur die Person. In der Abwesenheit der Person ist nichts. Keine Welt. Keine Geburt. Kein Tod. Keine Zeit. Kein Raum. Keine Welt, in der man sterben könnte und keine Person, die das Sterben „tun" könnte. *Im Augenblick des Todes fällt die Person weg, die sterben könnte.*

Niemand hat je den Tod erfahren. Wir erfahren immer nur, was wir wissen. Tod ist, was wir über den Tod wissen. Wenn nichts gewusst wird, kann es keine Erfahrung geben und keinen Tod.

Du denkst, dass du sterben wirst? Finde zuerst einmal heraus, ob du geboren bist.

* * *

* * *

Die Frau, die in Angst lebt, will insgeheim nicht frei von Angst sein; sie möchte frei von „der Frau sein, die in Angst lebt".

Der Mann, der an Krebs stirbt, möchte insgeheim nicht frei vom Krebs sein; er möchte frei von „dem Mann sein, der an Krebs stirbt".

Der Sucher will insgeheim kein Erwachen oder Erleuchtung; er will frei sein vom Suchenden.

* * *

Was du mehr als alles andere fürchtest, ist deine eigene Abwesenheit.

Und dennoch ist deine eigene Abwesenheit das, wonach du mehr als nach allem anderen verlangst.

Nur – deine Abwesenheit ist nichts, was „du" jemals erfahren könntest.

Darum gibt es keinen Tod.

* * *

Die größte Entdeckung ist:
Das Leben braucht „dich" nicht.

* * *

Ich liege im Bett. Der Arzt hat mir gesagt, dass ich einen großen, wachsenden Abszess im Hintern habe und ich warte darauf, dass er entfernt wird. Da unten ist ein glühend scharfer Schmerz. Ich verliere vor Schmerz fast das Bewusstsein.

Wie erstaunlich zu wissen, dass die gegenwärtige Empfindung von Schmerz auch *das* ist. Als ich ein spirituell Suchender war, wollte ich von allem Schmerz und Leid frei sein und einen schwer fassbaren Zustand erreichen, der „Erleuchtung" genannt wird. Davon hatte ich die Meister und Gurus sprechen hören. Ich wollte keinen Schmerz, ich wollte Freiheit vom Schmerz!

Ich konnte damals nicht erkennen, dass es meine Suche nach der Freiheit von Schmerzen war, die den Schmerz erschaffen hatte. Schmerz und „Freiheit von Schmerz" gehören immer zusammen, auf dieselbe Weise, wie schwarz und weiß, oben und unten, Abwesenheit und Anwesenheit, Subjekt und Objekt immer zusammengehören. Die Gegensätze erschaffen sich und erhalten sich gegenseitig aufrecht. Meine Suche danach, dem Schmerz zu entkommen, war nichts anderes als eine Zurückweisung des Schmerzes, die sich als eine Art nobles, wertvolles „spirituelles" Streben verkleidet hatte. Meine Suche nach Erleuchtung „da draußen" war eine Zurückweisung dessen, was hier passierte.

Schmerz wurde zum Feind. *Was ist,* war zum Feind geworden.

Heute, in der Abwesenheit der Suche, wird gesehen, dass hier jede gegenwärtige Empfindung willkommen ist. Sogar Schmerz gehört dazu. Und tatsächlich ist es nicht länger möglich, es „Schmerz" zu nennen. Ich habe keine Idee, *was* das ist. Empfindungen passieren, Augenblick für Augenblick, aber da ist nichts festes, genannt Schmerz. Alles taucht in der vollkommen entblößten Leere auf und verschwindet, ohne Rückstände zu hinterlassen. Der Schmerz von eben, wo ist er? Er ist immer schon vorbei. Schmerz ist immer die Geschichte des Schmerzes. Es ist immer eine Geschichte über die Vergangenheit.

Es ist, als ob da Schmerz ist – wenn wir ihm einen Namen geben müssen – aber da ist niemand, der *in* Schmerzen ist. Da passiert nur Schmerz. Gerade passiert Schmerz oder nicht. Das ist alles. Es ist so erstaunlich einfach.

Und versteh mich nicht falsch, der Schmerz ist schmerzhaft! Und manchmal, wenn der Schmerz besonders stark ist, kann Jeff stöhnen und klagen. Aber das Stöhnen und Klagen geht nicht unter die Oberfläche. Nach einem Leben der Zurückweisung wird dem Schmerz endlich erlaubt, er selbst zu sein.

Befreiung ist sehr ungeschlacht. Da ist niemand, der etwas abhalten könnte, der einen Aspekt von Erfahrung zurückweisen könnte. Der Schmerz ist also sehr ungeschlacht, sehr lebendig. Alle Verteidigung fällt weg. Da ist einfach nur das gegenwärtige Auftauchen von allem, in seiner unbearbeiteten und ehrlichsten Form.

Schmerz ereignet sich für niemanden. Das hört sich vollkommen paradox an. Schmerz muss *jemandem* passieren, richtig? Aber wer außer einer *Person* würde es Schmerz nennen? Aus diesem Grund kann das niemals in Worte gefasst werden. Da ist Schmerz, aber weil da niemand ist, ist da kein Schmerz. Schmerz ist da und trotzdem ist er nicht da. Schmerz ist abwesend und dennoch: Wer könnte den stechenden Schmerz zwischen den Beinen leugnen?

Und so endet das Ganze wieder im Mysterium all dessen. Das Ganze endet im Nichtwissen. Da ist einfach nur das mysteriöse Empfinden, das die Welt „Schmerz" nennt und zurückweist.

„Schmerz". In dem Augenblick, in dem wir das sagen, klingt es so, als ob er *da* ist. Als ob er fest wäre, real. „Schmerz" als Wort kann nicht die Lebendigkeit dessen berühren, was passiert. Was passiert, wird für immer vollkommen befreit bleiben, und die Worte sind immer nur eine Nachlese.

Wo habe ich nur die Schmerztabletten hingelegt?

* * *

Wir haben Angst davor, in zu großem Schmerz zu sein. Aber so etwas wie *zu viel* Schmerz gibt es nicht. Es gibt genau die Menge an Schmerz, die in diesem Augenblick da ist.

Da ist die Schmerzempfindung, die jetzt stattfindet, und das ist alles. Der Rest ist die Geschichte.

„Das ist zu viel für mich! Ich kann nicht mehr! Es wird mich umbringen! Warum muss ich das erleiden?" Alles Geschichten. Der Körper hat seine eigene, unermessliche Intelligenz. Wenn der Schmerz wirklich zu viel ist, wenn er nicht mehr zu bewältigen ist, schaltet der Körper ab. Er fällt in Ohnmacht oder hört ganz auf zu funktionieren. Allein gelassen, sorgt der Körper für sich selbst. Er würde sogar aufhören zu funktionieren, um dich vor *zu viel* Schmerz zu bewahren. Da ist nichts als Wohlwollen.

* * *

„Du sagst, dass es nichts gibt, was wir tun können, um die Befreiung zu erlangen und dennoch sprichst du und schreibst Bücher. Implizierst du damit nicht, dass es etwas gibt, was wir tun können, nämlich, deine Bücher lesen und zu den Gesprächen mit dir kommen? Du sagst, dass wir nicht auf Lehrer hören sollten und dennoch scheint es, dass du selbst ein Lehrer bist. Wenn das, wie du sagst, nicht in Worte gefasst werden kann, warum gibst du dich dann damit ab, darüber Bücher zu schreiben und darüber zu sprechen? Vielleicht glaubst du insgeheim, dass du es die Leute lehren kannst? Oder vielleicht tust du es nur wegen des Geldes oder der Aufmerksamkeit? Wie auch immer, bist du nicht in die ,Gurufalle‘ getappt?“

Solche Fragen werden mir immerzu gestellt! Normalerweise ist meine Antwort, dass wir eine Million Gründe finden könnten, warum wir niemals über Nondualität sprechen sollten.

Und doch, wie ich immer sage, warum nicht? Wenn das „Warum" verschwindet, wird das Leben aus einem „Warum nicht" gelebt. Stille und Lärm werden gleichbedeutend. Nicht darüber zu sprechen und darüber zu sprechen wird gleichwertig. Es spricht oder nicht. Oftmals spricht es nicht darüber. Wenn jemand eine Frage stellt, möchte es manchmal eine Antwort anbieten. Manchmal sitzt es am Computer und fängt an zu tippen, und ein Buch nimmt Gestalt an. Woher die Worte kommen, weiß ich nicht.

Von dem Augenblick an, wo ich zu schreiben und zu sprechen begonnen habe, war mir vollkommen klar, dass ich dafür beschuldigt werden würde, in die Gurufalle gestolpert zu sein. Dass meine Worte völlig missverstanden werden würden, dass ich angeklagt würde, minderwertiges Zeug zu verkaufen, dass ich als Möchtegern-Guru bezeichnet würde, dass ich mit anderen Lehrern und Nichtlehrern da draußen verglichen würde. Das war absolut unvermeidbar.

Weißt du, lange wollte ich nicht darüber sprechen. Ich wollte für den Rest meines Lebens darüber schweigen. Was hier erkannt wurde ist, dass *das* das Wunder ist, dass es nichts höheres oder heiligeres gibt als das, was passiert, nichts „spirituelleres", als die gegenwärtige Erscheinung. Es wurde erkannt, dass hier eine Vertrautheit ist, die nicht vermittelt werden kann.

Also, wie diese Vertrautheit, diese Anwesenheit in Worte fassen? In die Worte der Welt? In Worte der Dualität? Ich wusste in dem Augenblick, als ich mein erstes Wort darüber äußerte, dass sie das nicht im Ansatz erfassen würden. Ich wusste, dass alles, was ich darüber sagen würde, nicht wahr ist. *Das Tao, das gesprochen werden kann, ist nicht das Ewige Tao.* Worte fühlten sich im Angesicht dieser Lebendigkeit so tot an.

Abgesehen davon hatte ich kein Interesse, jemanden zu bekehren, kein Interesse, jemandem dabei zu helfen, das zu sehen (nach allem – *wer* würde es sehen?), kein Interesse daran, jemand Besonderes zu sein. Wie könnte ich überhaupt besonders sein? Wie könnte ich mich selbst jemals von anderen trennen und mich „besonders" nennen? Aber ich wusste, dass der Augenblick, in dem ich anfangen würde darüber zu sprechen, Jeff besonders aussehen lassen könnte. Und dennoch, was genau im Zentrum des Sehens stand, war, dass Jeff in keiner Weise besonders ist. Nicht mehr, als es der Stuhl ist oder der Teppich! Es war alles göttlicher Ausdruck! In dem Augenblick, in dem Jeff seinen Mund öffnete, um über etwas zu sprechen, das Nondualität genannt wird, war es unvermeidbar, dass andere ihn zu etwas machen würden oder denken, dass er eine Agenda hat, oder das er es wegen des Geldes tut, für die Beachtung, den Ruhm. Dass er ein Guru sein will. Es war unvermeidbar, dass diese Projektionen passieren würden. Ich sah das von Anfang an und deshalb wollte ich nie darüber sprechen.

Und dann gab es die Einladung zu sprechen und der Mund sagte „ja". Vorher hätte er „nein" gesagt und jetzt sagte er „ja". Nein und ja – vollkommen gleichwertig im Erkennen dessen. So fand sich Jeff einige Zeit später vor einer kleinen Gruppe sitzen und die Worte sprachen sich ohne das Gefühl, dass „ich" sprechen würde, ohne das Gefühl, dass es irgendetwas zu sagen gäbe. Ohne Agenda, Worte kommen einfach oder nicht. Ob „andere Leute" zuhörten oder nicht, das Sehen war dasselbe. Und obwohl heute mehr Leute kommen, hat sich nicht wirklich etwas verändert. Es ist immer noch ein Zusammentreffen mit Freunden und obwohl Jeff bei vielen der Treffen vor dem Publikum sitzt und spricht und Fragen gestellt werden und er zu antworten scheint, ist das Geheimnis natürlich das: Es ist nichts als Einssein, das sich selbst trifft, und es findet in keiner Weise eine Belehrung statt.

Aber he, die Welt will ihre Geschichten erzählen. Bis der Suchende sich auflöst, und damit einhergehend das zusammengezogene Selbstgefühl, scheint sich eine Welt der Lehrer und Lehren, der Gurus und der Linien zu zeigen, und diese Projektionen werden anhalten. Der Suchende sieht immer eine Welt des Suchens. Was in schockierender Klarheit gesehen wird, wenn all diese Projektionen aufhören, ist, dass es keine Gurus, Lehrer und Lehren geben kann, weil es überhaupt keine Personen gibt. Die Ganzheit ist schon da und sie hat nichts mit einer getrennten Person gemein. Es wird gesehen, dass wir bereits zuhause sind, und die Erleichterung ist vollkommen.

Die Welt mag über Jeff denken, was sie will. Er tut es für Geld? Er ist auf einem Egotrip? Er ist ein Missionar der Nondualität? Es sieht sich insgeheim als Guru? Keine dieser Geschichten kann für mich noch eine Bedeutung haben. Ich gehe einfach zurück in mein sehr gewöhnliches Leben in Brighton am Meer, trinke einen Tee und vergesse das alles. Ich habe das immer als ein Treffen zwischen Freunden gesehen. Und die Treffen werden weitergehen oder nicht. So einfach ist das. Es kommt aus der Liebe und kehrt in die Liebe zurück, wie alles.

Ein Guru ist jemand, der ernsthaft glaubt, dass er dir bei deiner Suche nach Erleuchtung oder dem Aufwachen helfen kann. Wie lächerlich. Der Traum „Erleuchtung", den die Gurus versprechen, ist eine Erfahrung in der Zeit und es gibt keine Zeit. Zeit ist eine Konstruktion des Verstandes und den gibt es nicht. Es ist ein Erwachen für eine Person, aber da ist keine Person. Weil der Guru in dir immer noch eine Person sieht, die Hilfe braucht (und sich selbst immer noch als Person sieht, die sie geben kann) hält er dich in der Illusion gefangen, dass du wirklich eine Person bist und dass es so etwas wie Erleuchtung wirklich gibt. In seiner Unschuld hält er dich in der Welt aus Raum und Zeit gefangen.

Wenn das alles wegfällt, wird gesehen, dass es keine Menschen gibt, denen geholfen werden muss und keine Menschen, die jemals aufwachen könnten. In diesem Erkennen ist das Guru-Jünger oder das Schüler-Lehrer Verhältnis ausgelöscht. Es gab niemals irgendwelche Lehrer, Gurus, Schüler oder Jünger: Da war immer nur bedingungslose Liebe.

Also, tu was du tust, und lasse die Welt über dich sagen, was sie will. Lass sie dich kreuzigen, wenn sie sich dann besser mit sich selbst fühlt. Sie kreuzigen sowieso nur ihre Geschichte über dich, in ihrer Traumwelt. Sie können alles zerstören, buchstäblich alles, was existiert, aber sie werden niemals diese Lebendigkeit berühren, sie werden niemals die Gegenwärtigkeit beflecken, sie werden dem Leben nicht einmal eine kleine Blessur verpassen.

Mich interessiert nicht, wie mich die Welt nennt. Aus reinem Überschwang teile ich diese Nachricht, bis ich es nicht mehr tue. Leute werden zuhören oder sich aus dem Staub machen, und beides ist in Ordnung.

Und gerade jetzt, während ich an meinem Tee nippe und den Möwen am Brighton Pier zusehe, spielt nichts davon die leiseste Rolle. Ich lache über die Idee, dass ich ein Guru oder Lehrer bin. Ich bin nichts. Der Tee und die Möwen sind alles. Mein Nichts ist das Alles der Welt, und das alles endet hier, in absoluter Einfachheit, und da ist nur Liebe für das alles.

Einfach nur das, nur das, für immer und immer.

* * *

Ich rate dir nicht, deine spirituelle Praxis aufzugeben; das passiert oder auch nicht. Spirituelles Üben passiert oder nicht.

Und erinnere dich: Das Aufgeben spiritueller Praktiken wird nur wieder zur spirituellen Praxis.

Die Ideologie der *anti-spirituellen Praxis* ist einfach nur eine weitere Ideologie.

* * *

Pass auf, der Verstand wird alles in diesem Buch nur wieder zu einem neuen Ziel machen wollen. Es gibt keine Person? *Das will ich!* Das Ende der Suche? *Das will ich!*

Und wenn du nicht aufpasst, fängst du an, mir wirklich zu glauben, wenn ich etwas wie „ich bin nicht da" sage. Das ist kein Konzept, um daran zu glauben. Es sind aneinandergereihte Worte, die versuchen auf etwas hinzuweisen, was vollkommen jenseits aller Worte liegt. Wenn es erst einmal zu einem Glauben wird, zu einem Konzept, ist es gewissermaßen nicht länger wahr.

Die Person, die wirklich glaubt, dass sie „nicht hier" ist – und diesen Glauben benutzt, um sich von dir abzusondern – lebt mit einem Bild, einem sehr persönlichen Bild von sich selbst als nicht hier seiend. Denk darüber nach.

Die „Erwachenserfahrung" von gestern wird so leicht zum Egotrip von heute.

* * *

Ein Advaitalehrer sagte mir mal, er habe das „Gefühl", dass ich „noch da bin". Er spürte, dass ich „noch eine Person" war oder, dass meine Person noch nicht abgefallen war oder etwas in der Art. Er war natürlich keine Person mehr. Seine „Person" war abgefallen und das gab ihm offensichtlich die magische Fähigkeit wahrzunehmen, wenn sich die äh … Person einer anderen Person noch nicht de-personalisiert hatte.

Wie auch immer, es wurde alles ziemlich persönlich für jemanden, der für sich in Anspruch nahm, keine Person zu sein.

Was diese persönliche nicht-Person Person übersah war, dass nur eine Person die Anwesenheit oder Abwesenheit einer anderen Person sehen oder fühlen kann. Das ist alles ein Spiel von Projektion und Introjektion. Rauch und Spiegel. Es ist die Person *hier*, die eine Person *nach da draußen* projiziert.

Wenn hier tatsächlich niemand ist, kann es auch *da draußen* unmöglich jemanden geben. Wenn die Projektion nicht länger stattfindet, gibt es keine Möglichkeit mehr, zu sagen: „Ich bin nicht hier, aber du bist immer noch da." Das würde keinen wie auch immer gearteten Sinn mehr ergeben.

„Ich bin nicht hier, aber du bist noch hier", ist einfach nur noch mehr Trennung. In der Befreiung fällt das alles weg.

* * *

Ärger ist niemals deiner. Sobald es „mein" Ärger wird, gibt es kein Ende. Sobald es „mein" Ärger ist, wird er auf eine Welt gerichtet. „Er hat mich wütend gemacht! Dafür wird er bezahlen!" Das ist Gewalt. Das ist Krieg. Das ist Leiden. Mein Ärger gegen die Welt.

Aber es ist nie wirklich *dein* Ärger. Es ist einfach Ärger, der sich ereignet. Und wenn da niemand ist, der den Ärger manipuliert, ihn zurückweist, versucht, ihn zu akzeptieren, ihn zu transzendieren oder ihn zu lieben; wenn da niemand ist, der versucht eine Identität zu schmieden, wenn niemand da ist, der den Ärger benutzt, um ein besseres Gefühl für sich selbst zu bekommen, wenn Ärger einfach passiert und da niemand ist, dem er passiert, dann verflüchtigt sich der Ärger in seiner eigenen Zeit. Er lebt sein kleines Leben und zischt ab. Er wird nicht auf die Welt projiziert oder auf etwas zurückgeworfen, das sich „Selbst" nennt und so gibt es damit überhaupt kein Problem. Er ist einfach ein Ausdruck von Energie. Er wird zum Teil der Beschaffenheit des Augenblicks. Da drüben singt ein Vogel, ein Auto rauscht da drüben vorbei, Ärger passiert und eine kleine Katze kommt angelaufen und reibt sich an deinem Bein. Ärger ist nur etwas weiteres, das passiert.

Ärger – oder Angst, jede Emotion, jede Empfindung, jedes Gefühl – haben hier ihren rechtmäßigen Platz. So oft geht es in der Spiritualität darum, Ärger und sogenannte „negative" Gefühle loszuwerden und zu versuchen einem Zustand näher zu kommen, der „positiv" genannt wird. Aber das ist eine falsche Dichotomie. Das spaltet die Welt in zwei. Das ist ein Akt der Gewalt, und Gewalt kann nur zu Gewalt führen. Sobald die grundlegende Spaltung aufgetaucht ist, nimmt sie kein Ende. Kein Wunder, dass Menschen im Laufe der Zeit so viele Menschen getötet haben. Nein, die Wirklichkeit ist ganz, vereinigt, nicht zerbrochen. Und was so schockierend offensichtlich wird, wenn in Klarheit gesehen wird, ist, dass selbst Ärger unschuldig ist. Dann muss der Ärger nicht mehr auf die Welt gerichtet werden. Dann versucht er nicht zu töten, zu verstümmeln und zu foltern. Es wird gesehen, dass es nichts zu verteidigen gibt. Da ereignet sich nur Ärger. Es ist niemandes Ärger.

Wenn dem Ärger gestattet wird, sein eigenes kleines Leben zu leben, ist da einfach kein Problem. Ärger kommt einfach und geht. Angst, Traurigkeit, Freude – sie kommen einfach und gehen wieder. Sie kommen und gehen, ohne eine Spur zu hinterlassen. Du kannst nicht einmal sagen „ich war zornig" oder „ich hatte Angst". In dem Augenblick, in dem du das sagst, ist der Ärger nicht mehr da, oder die Angst. Alles ist gegangen und etwas anderes ist an seine Stelle getreten. Alles ist sauber gewischt und es gibt eine Rückkehr in die Unschuld.

* * *

Warum halten wir nach Gott Ausschau, wenn er uns ständig anstarrt? Durch jede Erscheinung, jedes Geräusch, jeden Geruch. Durch die Bäume und Blumen und Vögel, durch die Straßen und den Verkehr, durch das Schlagen des Herzen. Durch diese und andere Worte. Durch das Weiß des Papiers und das Schwarz der Tinte. Durch den Raum und durch die Stille. Durch das Zwischendrin und das Ungesehene genauso, wie durch das Sichtbare. Durch den Pulsschlag des Lebens und den Frieden des Todes. Durch das Weinen des Babys und das Todesröcheln des alten Mannes. In allem, als alles, singt Gott.

Das Wort „Universum" bedeutet wörtlich „ein Lied".

* * *

Das …

Ich bin auf einer Beerdigung. Meine Tante wird in die Erde herabgelassen. Schwarz gekleidete Menschen schnäuzen sich und wischen sich die Tränen weg. Bilder meiner Tante tauchen auf, lebendige Bilder, Bilder die vollkommen lebendig sind, Bilder die tanzen und singen. Das sind keine *Erinnerungen* an meine Tante. Das *ist* meine Tante und sie ist lebendig. Da ist große Freude.

Mein Magen knurrt. Ich habe seit dem Frühstück nichts gegessen. Ein Mann kommt auf mich zu und sagt, dass es ihm um meinen Verlust leidtut. Verlust? Mein? Was habe ich verloren? Nichts ist hier verloren. Dennoch bemerke ich, wie ich lächele und Danke sage und es so *meine*.

Die schwarz gekleideten Leute beginnen ein kollektives Wehklagen. Sie beten zu ihrem Gott. Ihre Ausrufe vermischen sich mit dem Pitschpatsch der Regentropfen, dem Dröhnen des Verkehrs und dem Knarren und dem dumpfen Geräusch, als ein leerer Sarg an die Seite eines leeren Grabes stößt. Niemand wird begraben und niemand betet für die Toten.

Ich muss dringend pinkeln. Ich finde mich selbst in der Herrentoilette vor. Ein paar Worte sind auf den Handtrockner gekritzelt: „Knopf drücken, Speck empfangen." [Anm. des Übersetzers: Push button, receive bacon - weil die Warmluft als rot-weißes Wellenmuster dargestellt ist und an Speck erinnert]. Großes Gelächter steigt von nirgendwoher auf und löscht die Beerdigung aus. Wenn es einen Tod gibt, ist er das.

Zurück zuhause kommt Amy in mein Zimmer. Für einen Augenblick erkenne ich sie nicht. Wir umarmen uns zum ersten Mal. Grundlos fangen wir an zu tanzen, halbnackt, zu Stevie Nicks: „Gerade wie das Lied einer weißflügeligen Taube, das klingt, als ob sie es singt, ooh, ooh, ooh." In vollkommener Stille werden unsere Körper wild.

Später sehe ich eine schäbige Hausverschönerungs-Fernsehshow. Eine alte Frau kommt nach Hause und findet ihr Wohnzimmer völlig umgestaltet vor. Oh, ihr überraschter Gesichtsausdruck! Tränen sprudeln wie aus einem Wasserfall.

7
DIE KEHRSEITE VON NICHTS

Anfangs waren Bäume Bäume
Berge waren Berge
und Flüsse waren Flüsse.
Dann kam eine Zeit, in der Bäume nicht länger Bäume,
Berge nicht länger Berge
und Flüsse keine Flüsse mehr waren.
Jetzt sind Bäume abermals Bäume,
Berge sind abermals Berge
und Flüsse sind abermals Flüsse.

- Zen Spruch

Lass mich dir eine kleine Geschichte erzählen.

Am Anfang waren Bäume Bäume, Berge waren Berge und Flüsse waren Flüsse. Ich war eine gewöhnliche Person, die ein gewöhnliches Leben lebte.

Dann, Mitte zwanzig, nach einer schweren Depression, die mich fast in den Selbstmord trieb, wurde ich zu einem sehr ernsthaft Suchenden. Ich wurde von der Idee der spirituellen Erleuchtung gefangen genommen und sah in ihr das ultimative Entkommen aus einer Welt voller Leid und Unwissenheit.

Die Welt der Formen war mir zu viel geworden: Ich wollte in die Leerheit jenseits der Welt entkommen und dort leben. Ich wollte Jeff und all seine Probleme loswerden und im Absoluten verweilen, zusammen mit meinem Freund, dem Buddha. Ich erkannte die Probleme der Existenz völlig klar: Die Unbeständigkeit von allem, die Unausweichlichkeit des Todes, den illusionären Charakter des Selbst, die inhaltslose Beschaffenheit aller Phänomene; und meine Antwort darauf war, mich von der Welt zu lösen.

Aber ich ging zu weit und fiel in die Leere. Ich löste mich so sehr, dass mir die Welt überhaupt nichts mehr bedeutete. Ich ging dem Nichts auf den Leim. Bäume waren keine Bäume mehr, Berge waren nicht länger Berge, Flüsse nicht länger Flüsse. Nichts hatte mehr einen Namen. Das Leben erkaltete und wurde freudlos. Da war kein ich. Kein du. Kein Selbst. Kein anderer. Keine Welt. Kein Weg. Keine Zukunft. Keine Liebe. Kein Leben. Keine Bedeutung.

Tagelang zog ich ziellos durch Oxford und es gab absolut nichts in der Existenz, es passierte absolut nichts. Es gab keine Welt, keine Erinnerung, nichts. Da war nur Leere.

Ich erinnere, dass ich für zeitlose Ewigkeiten auf Parkbänken saß. Ganze Wochenenden vergingen in einem Augenblinzeln. Die Sonne ging auf und unter, Regen fiel und hörte auf, Gesichter und Stimmen zeigten sich und verschwanden im selben Augenblick, und ich erfuhr nichts davon. Nur die Leere war wirklich, das Nichts. Die Welt hatte für mich aufgehört zu existieren. Und ich dachte, dass ich erleuchtet bin! In *Steppenwolf* fand Hermann Hesse Worte für meine Erfahrung:

Auch hier fand ich nicht Heimat noch Gemeinschaft, fand nur einen stillen Zuschauerplatz, vor einer Bühne, auf der fremde Leute fremde Stücke spielten ... Zeit und die Welt, das Geld und die Macht gehört den Kleinen und Flachen, und den andern, den eigentlichen Menschen, gehört nichts.

Ich glaubte, dass ich der *eigentliche Mensch* war, nicht einer von den unwissenden Narren, die noch an die „relative" Welt verloren waren, diese unspirituellen Leute, die ihrer „wahren Natur" gegenüber unwissend waren. Damals dachte ich, dass es bei der Nondualität darum geht, sich vom Leben zu lösen und in der Leerheit zu verweilen.

Was ich damals nicht sehen konnte war, dass die völlige Loslösung vom Leben absolut dualistisch ist. Es bedarf einer *Person*, um losgelöst zu sein und einer *Welt*, von der man losgelöst ist. Natürlich war es nach einem leidvollen Leben anfänglich eine Erleichterung, die Leere zu entdecken und der Hölle zu entkommen, die mein Leben geworden war. Aber die Leerheit war zu einer neuen Falle geworden.

Was ich zu der Zeit völlig übersah, war, dass Leerheit vollkommene Fülle ist. Ich blieb in der Leere, aber da war immer noch ein „Ich", dass in der Leere ausharrte. Die Leerheit war noch nicht in die Fülle hinein zusammengebrochen. Ich war noch nicht gestorben. Ich war noch nicht mit allem in Liebe. Das war, wohin all das führte.

* * *

Schließlich brach die Trennung zusammen. Alles tut das schließlich. Am Ende stand der Tod der Person, der Person, die distanziert sein konnte oder auch nicht – und eine Enthüllung, für niemanden: dass *es das ist*. Die Freudlosigkeit fiel weg und es tauchte in das absolute Mysterium all dessen ein … vollkommen jenseits von Worten, völlig jenseits der Sprache.

So lange war da eine Abgestumpftheit. Für so lange hatte ich zurückgelehnt dagesessen und der Welt dabei zugeschaut, wie sie ohne mich weitergeht. Die Welt war zum Feind geworden, weil sie essentiell nicht wirklich war. Alltägliche menschliche Interaktionen hatten ihre Bedeutung verloren, weil es keine anderen gab. Es war eine so umfassende *Leugnung* des Relativen, eine *Verleugnung* der Welt. Da war immer noch ein das Leben verneinendes „Ich". Es tat so, als ob es „spiritueller" oder „erwachter" wäre als andere, es fühlte sich selbstgefällig und sicher und irgendwie überheblich, aber insgeheim freudlos in seiner Leere.

Die Freiheit, die ich anfänglich in der Leere gefunden hatte, hatte sich in ein Gefängnis verwandelt. Die Freiheit im Formlosen war zur Verleugnung der Form geworden. Aber wie uns das Herz Sutra der Buddhisten seit tausenden von Jahren erinnert:

Form ist Leere und Leere ist Form; Leerheit unterscheidet sich nicht von Form, Form unterscheidet sich nicht von Leerheit; was auch immer Form ist, das ist Leere, was auch immer Leere ist, das ist Form.

* * *

Und dann brach das alles zusammen. Die Leugnung der Form konnte sich selbst nicht aufrecht erhalten. Ich kann es nicht in Worte fassen, aber wenn ich es könnte, dann etwa so: Nach einem weiteren Tag ziellosen Streifens durch Oxford, einem weiteren Tag im völligen Nichts, einem weiteren Tag ohne Beziehung zur Welt, brach Jeff im Christ Church Meadow [ein Park] völlig erschöpft zusammen und schaute an einem Strahl Sonnenlicht empor, der durch die Zweige eines Baumes fiel. Und das Leben sagte:

„LEBE, VERDAMMT NOCHMAL, LEBENDIG!"

Die Leere brach in die Form zusammen. Die Form brach in die Leerheit zusammen. Und dann waren da weder Form noch Leere. Da war nur *das*, ohne Möglichkeit, weiterhin zu wissen, was *das* ist. Die Person löste sich im Erstaunen auf.

Die Bäume waren wieder Bäume. Die Berge waren wieder Berge. Die Flüsse waren wieder Flüsse. Starbucks war wieder Starbucks. Alles fiel an seinen angestammten Platz zurück. Ein Stuhl durfte wieder ein Stuhl sein, während er zur gleichen Zeit natürlich ein göttlicher Ausdruck war. Es war Einheit, die spielte ein Stuhl zu sein. Eine Tasse Kaffee konnte eine Tasse Kaffee sein. Ein Gedanke konnte ein Gedanke sein. Eine Empfindung konnte eine Empfindung sein. Traurigkeit konnte Traurigkeit sein. Liebe konnte Liebe sein. Alles war es selbst und nichts davon war meins. Worte konnten das nicht im Geringsten erfassen. Aber endlich konnte ein gewöhnliches Leben gelebt werden. Und dieses gewöhnliche Leben war das einzige Wunder.

Es gab ein Wiedereintauchen in die Welt, *obwohl* es nur eine scheinbare Welt war, *obwohl* all das ein Traum war, *obwohl* es weder „mich" noch andere gab. Plötzlich, nach Jahren des Getrenntseins, entspannte es sich in das, *was ist*. Das Ganze brach in ein sehr gewöhnliches Lebens hinein zusammen.

Die Suche war gestorben. Der Sucher war tot. Jeff starb und „Jeff" wurde wiedergeboren. Es war eine gleichzeitige Kreuzigung und Wiederbelebung, obwohl letztendlich niemand gekreuzigt und niemand wiederbelebt wurde – das ist die ultimative Nachricht vom Kreuz.

Was ist, wurde als das Wunder erkannt. Und es war immer genug. Die ganze Idee der „Spiritualität" flog zum Fenster raus. Dieses Konzept wurde nicht länger gebraucht. Konzepte von „Erwachen" und „Erleuchtung" und „Nichts" flogen aus dem Fenster. Konzepte, die Praktiken, Ziele und zukünftige Errungenschaften zum Inhalt hatten, flogen aus dem Fenster. Warum? Weil das Gras genug war. Der Baum war genug. Der Boden unter meinen Füßen war genug. Ich verliebte mich in den festen Boden, oder der feste Boden verliebte sich in sich selbst und die Suche eines Lebens war zu Ende.

Wie Ramana Maharshi sagte:

Die Welt ist illusionär.
Brahman allein ist wirklich.
Brahman ist die Welt.

Brahman war die Welt, und alles war vorbei.

Oder, wie Zenmeister Joho ausrief:

Endlich die Tiefen ausgelotet!
Ozeane trocken gelegt. Die Leere geborsten.
Ohne ein Hindernis in Sicht,
Ist es überall!

* * *

Wenn ich sage „das ist es" oder „Befreiung ist nichts, was du bekommen kannst", ist das nicht als Belehrung gemeint. Es ist ein Versuch, dieses Sehen zu *teilen*. Ich bin kein Lehrer, ich könnte mich selbst niemals so sehen, weil es hier keinen Bezugspunkt mehr gibt. Ich habe keine Möglichkeit, zu wissen, wer ich bin, weil es mir nicht möglich ist, mich von mir selbst zu trennen, um auf mich selbst zu schauen und dann zu sagen, was das ist. Da ich nichts bin, bin ich weder Lehrer noch Schüler. Ich bin, was immer du sagst. Und deshalb bin ich auch alles. Nenne mich Lehrer, nenne mich Freund, oder benenne mich gar nicht. Ich bin, was du bist und du bist, was ich bin. Und all das endet in einer Vertrautheit, die jenseits der Worte liegt.

„Es gibt nichts zu holen." Es ist keine Lehre. Es ist ein *Eingeständnis*.

Was hier gesehen wird – und ich kann immer nur darüber sprechen, was hier gesehen wird – ist, dass es nichts zu bekommen gibt, weil *das* das Wunder ist. Und es besteht immer die Möglichkeit, dass das, worauf durch diese Worte hingewiesen wird, erhört wird. Die Resonanz, das (Wieder)erkennen ist möglich. Vielleicht ist das der Grund, warum die Zusammentreffen stattfinden. Ich weiß es nicht.

Nein, ich kann mich selbst nicht als Lehrer sehen. Ich biete nur die Worte in meinen Büchern und meinen Zusammentreffen an und nicht mehr. Ich singe einfach mein Lied. Der Vogel zwitschert, die Katze miaut, und dieser Körper-Verstand-Organismus oder was das auch immer sein mag, plaudert manchmal über Nondualität. Und dann geht er nach Hause und trinkt eine Tasse Tee.

* * *

Wenn du über Nondualität sprichst, sprichst du immer über etwas, über das nicht gesprochen werden kann. Wenn ich sage: „Es ist bereits vollständig und es gibt nichts zu bekommen", werde ich beschuldigt, ins Absolute zu verfallen. Wenn ich sage: „Es gibt eine Vorgehensweise, es gibt etwas, das du tun kannst, um dem näher zu kommen", werde ich von den Nondualitäts-Fundamentalisten angeklagt von solchen, die Nondualität zu ihrer Religion gemacht haben, zur „Religion der Nichtpraxis" – ins Relative zurückzufallen. Buddha selbst sagte:

Sortierte nicht nur die Anschauungen des eigenen Selbstseins und des Selbstseins anderer aus ... sondern auch ... alle Ideen über das Nichtvorhandensein solcher Anschauungen.

Wenn wir an Ideen des Selbst hängen, oder an Ideen des nicht-Selbst, oder an Ideen von Praxis oder nicht-Praxis, fallen wir in die Dualität. Nachdem ich im Laufe der Jahre als Suchender in diese und so viele andere konzeptionelle Fallen geraten bin, ist es das, was jetzt mit absoluter Klarheit gesehen wird: Dass Nondualität von keinem Konzept beinhaltet werden kann, von keiner Philosophie, von keinem System, nicht einmal von den ältesten und edelsten.

Der Verstand will immer einen Platz zum Ausruhen finden. Er will zur Ruhe kommen mit „es gibt kein Selbst" oder mit „es gibt keine Wahl". Aber die Nondualität bietet den Heimatlosen kein Zuhause an. Sie ist ein freies Fallen ins Nichtwissen.

Weißt du, hier gab es einen bissigen, gewalttätigen Intellekt, einen Verstand, der nicht ausruhen konnte, bis er jede Möglichkeit erschöpft hatte, jede mögliche Umsetzung des Denkens. Er wollte sich mit nichts weniger als vollkommener Freiheit zufriedengeben. Im Laufe der Jahre wurden so viele Fallen erkannt. So viele hartnäckige Denkstrukturen wurden in ihren Grundfesten erschüttert und es wurde erkannt, dass sie aus nichts als aus Schein bestanden. Meine Güte, es gab so viele Fallen, so viele subtile Wege, auf denen ich mich selbst hinters Licht geführt habe. Es gibt so viele Wege, auf denen sich der Verstand auf ein Konzept, auf ein Denkmuster oder ein Glaubenssystem festlegen kann und gleichzeitig – und das zeigt, wie erfinderisch er ist – Freiheit von allen Konzepten und jeglichem Glauben für sich proklamiert. Das Ego kann Millionen verschiedene Wege finden, um es so aussehen zu lassen, als ob da kein Ego wäre.

„Ich bin ohne Ego! Ich, ich, ich bin vom Ego befreit!"
Ja, genau.

Und wenn ich heute sage „du kannst nichts tun, um es zu bekommen", dann wird auch gesehen, dass der Hinweis in dem
Augenblick, in dem er zur Überzeugung wird, nicht mehr wahr
ist. Darum hat der Typ, der wirklich und wahrhaftig glaubt „Es
gibt nichts, was du tun kannst, alles ist sinnlos!", und deshalb
den ganzen Tag im Bett bleibt, nicht *zugehört*. Die Hinweise
sind für ihn zum Konzept geworden, sie haben sich zu Über-
zeugungen verhärtet und zu Stagnation und Depression geführt.
Das ist eine häufige Falle. Ich weiß es, weil ich da drin war.

Es gibt Leute, die wirklich *glauben*, dass es keine Person gibt,
kein Selbst. Sie *glauben* wirklich, dass es nichts zu erreichen
gibt. Sie *glauben* wirklich, dass es keine Zukunft gibt, kein
Afrika, keinen Planeten Erde. Der Glaube ist das Problem.
Wenn es erst einmal zu einem Glauben geworden ist, ist es
stagniert. Es ist eine Person mit einem Glauben. Es ist mein
Glaube gegen deinen Glauben. Und das hat kein Ende.

Im klaren Erkennen, dass es nichts zu tun gibt – weil *das* bereits vollständig ist – fliegt die Stagnation aus dem Fenster.
Was ich (vor)finde ist, dass es ein „aus dem Bett springen"
geben kann, das Herz für einen weiteren Tag des Nichtwissens
völlig offen. „Nichts zu tun" – nur ein Konzept. „Etwas zu tun"
– ein weiteres Konzept.

Nagarjuna sagte:

Zu sagen „es ist", heißt, das Beständige an sich zu reißen.
Zu sagen „es ist nicht", heißt, Nihilismus an sich zu reißen.
Darum sagt eine weise Person nicht
„es ist" oder „es ist nicht".

Und Bodhidharma:

Wer weiß, dass der Verstand eine Fiktion ist und allem Wirklichen entbehrt, weiß, dass sein eigener Verstand weder existiert noch nicht existiert. Sterbliche bringen weiterhin Verstand hervor, sie behaupten, dass er existiert. Unsterbliche negieren den Verstand weiterhin, sie behaupten, dass er nicht existiert.

Der Verstand existiert, der Verstand existiert nicht. Nichts zu tun, etwas zu tun. Übung, keine Übung. Vergangenheit, keine Vergangenheit. Selbst, kein Selbst. Es ist nicht notwendig, einer der Polaritäten anzuhängen oder gar beide zu verneinen. Es passiert so oft: Leute gehen zu Lehrern oder nicht-Lehrern der Nondualität und hören, dass sie nichts für die Befreiung tun können. Deshalb geben sie auf und werden schwer depressiv.

Aber schau: Teil des Tanzes ist, dass es auf diesem erstaunlichen Planeten Millionen Dinge zu tun gibt, so sieht es jedenfalls aus! Diese Welt ist – wie jedes Kind weiß – ein Abenteuerspielplatz. Weder existiert er, noch existiert er nicht, aber so oder so ist es ein Spiel.

Und so endet das Ganze im absoluten Paradox all dessen. Nichts zu tun, viel zu tun. Nichts, etwas. Selbst, kein Selbst. Da ist niemand, da ist jemand. Die Gegensätze brechen ineinander zusammen und was erkannt wird ist, dass *Nondualität niemals verstanden werden kann.* Renn so weit wie möglich von jedem weg, der behauptet, das zu verstehen! Das ist ein Sprung ins Mysterium, völlig jenseits von Worten. Das ist, worauf all die Worte in all den Büchern wirklich hinweisen.

Dann wird gesehen, dass Worte wie „das ist es" und „es gibt keinen Weg" auf die Befreiung, die bedingungslose Liebe hinweisen. Und das ist alles andere als deprimierend. Es wird erkannt, dass diese Worte immer darauf hingewiesen haben – wir konnten es damals nur nicht erkennen. Ja, es gibt nichts zu erreichen, weil alles *hier* ist. Es wird erkannt, dass die Vertrautheit und die unbedingte Liebe, die immer gesucht wurden, genau *hier* sind.

Bis dahin besteht tatsächlich die Gefahr, dass die Worte in diesem Buch falsch aufgefasst werden („Du sagst, dass alles Einssein ist, also muss auch Mord Einssein sein, also könnte ich einfach jemanden töten, weil alles Einssein ist, richtig?") Ja, diese Gefahr besteht, aber es gibt auch diese Möglichkeit: dass das, was mitgeteilt wird, gehört wird, wirklich gehört.

Und dann ist das ganze Dualität / Nondualität Paradox aufgelöst und es wird erkannt, dass es von vorn herein kein Paradox gab. Die Erkenntnis ist, dass sich Einssein selbst in scheinbar voneinander getrennten Wesen manifestiert. Die Dinge erscheinen weiterhin voneinander getrennt, während sie zur selben Zeit alle Manifestationen des Ganzen sind. Es ist der göttliche Tanz, es ist kosmische Unterhaltung, ist Leela, es ist nichts, das alles ist. Und ja, das alles kann auf einer rein intellektuellen Ebene verbleiben. Aber hier wird in aller Deutlichkeit auf das Sehen – nicht nur das intellektuelle Verstehen – hingewiesen, und in diesem Sehen lösen sich alle Fragen auf. Was übrig bleibt, dass kannst du unmöglich wissen.

Ja, es endet alles im Mysterium, in vollkommener Liebe. Wie kann ich dir die Vertrautheit und Freiheit davon vermitteln, den Frieden und die Leerheit und die Fülle, einfach auf einem Stuhl zu sitzen, gerade jetzt? Davon, einfach zu atmen, Geräusche passieren einfach. Über die *Istheit* dessen kann nicht gesprochen werden, und trotzdem strahlt sie weiter, Augenblick für

185

Augenblick, obwohl es keine voneinander getrennten Augenblicke gibt.

Das Paradox ist hier aufgelöst, in der völligen Einfachheit und
dem Wunder dessen, was ist. In der Atmung, in den Geräuschen im Raum, in der Wärme meines Teebechers, im Knir-
schen meines Kekses, im Fallen der Krümel auf meine Hose.
Die Suche eines Lebens endet hier und da ist nichts als Dankbarkeit für den Becher Tee, für die Kekse, für das, so, wie es
ist. Niemand trinkt den Tee, niemand isst die Kekse und niemand schreibt diese Worte. Und dennoch, was ist das alles für
ein Wunder – und wie verrückt und wie unschuldig war ich all
die Jahre in meiner Verrücktheit, nach etwas anderem Ausschau zu halten, als nach diesem hier, obwohl alles, was ich
jemals gebraucht habe, genau hier war. Genau hier, an dem
Ort, an dem ich nicht bin.

Das ...

Ich kümmere mich um einen Mann mit Krebs im Endstadium. Die Krankheit hat zu seiner Prostata und seinen Hoden gestreut, die jetzt so groß wie Tennisbälle sind. Er verliert die Kontrolle über seine Gedärme und hat sich in der Nacht entleert. Wir lachen und unterhalten uns über das Fußballspiel von gestern Abend, während ich ihm den Kot von seinen riesigen Hoden wasche. Ich sage ihm nicht, dass es kein Leiden gibt, ich sage nicht „ich bin befreit und du bist es nicht", ich erwähne die Nondualität nicht einmal, ich wasche nur seine Hoden. Auch das ist es.

In einem Pflegeheim halte ich die Hand einer Frau. Sie stirbt. Ihr Gesicht ist gelb, ihr Atem seicht. Der Gestank von Urin und Chlor weht über einer Schale Instant-Tomatensuppe, die sie nicht angerührt hat. Ich sehe mir selbst beim Sterben zu. Wir sterben zusammen, in diesem einsamen Pflegeheimzimmer mit Instant-Tomatensuppe und Plastikblumen. Das ist es auch, und sie ist das Wundervollste, was ich je gesehen habe.

Jetzt liege ich in einem Krankenhausbett. Ein Chirurg hat gerade ein Stück Fleisch um meinen Anus herum entfernt. Eine Krankenschwester drückt Verbandsmull in die offene und entzündete Wunde. Es fühlt sich an, als ob ich in den Anus gestochen werde, als ob das Messer darin immer wieder rumgedreht wird. Ich frage nach mehr Morphium aber sie sagt, dass ich bereits zu viel davon bekommen habe. Der Schmerz ist alles, was im Universum passiert.

Ein Musikvideo plärrt aus dem Fernseher an meinem Bett. Und dann ist der Schmerz plötzlich weg und Britney Spears erfüllt den Raum. Britney Spears ist alles, was passiert und der Schmerz ist von einem Song, der *Womanizer* heißt, ausgelöscht. Es ist, als ob der Schmerz nie dagewesen wäre. Wenn es ihn gab, dann vor Millionen von Jahren. Wenn es ihn gab, dann für jemand anders.

Und dann taucht der stechende Schmerz plötzlich wieder auf. Ich wusste nicht, dass so ein Schmerz möglich ist. Tränen sind in meinen Augen. Ich werde fast bewusstlos. Und dann mehr Britney: „Womanizer, woman-womanizer, you're a womanizer, baby." Der Schmerz wird von Britneys routiniertem Tanz absorbiert.

Es gibt hier keine Beständigkeit. Nichts wird von einem Moment in den nächsten getragen. Da ist nur die Derbheit der Erfahrung. *Stechen, Britney, stechen, Britney*. Das Universum atmet ein und aus.

8
Eine aussergewöhnliche Abwesenheit

Es ist vollbracht.

– John 19:30

Das Leben ist eine einmalige Bewegung. Manchmal laut, manchmal gewalttätig, manchmal furchterregend. Manchmal lieblich, manchmal weich, manchmal sanft wie eine Feder. Manchmal brüllt das Leben, manchmal flüstert es, aber es bewegt sich immer. Und dennoch gibt es im Herzen der Bewegung keine Quelle, keinen Bezugspunkt, kein Zentrum; überhaupt kein „Herz", um die Wahrheit zu sagen. Und die Wahrheit kann niemals gesagt werden.

Worte wie diese versuchen, von der Wahrheit zu sprechen, von der nicht gesprochen werden kann und trotzdem sind die Worte selbst nichts als ein weiterer Bestandteil der unendlichen Bewegung, der unaussprechlichen Lebendigkeit, die alle Dinge erfüllt, alle Dinge bewegt und alle Dinge in ihrer Totalität *ist*. Leben ist eine Bewegung, und ihr Ursprung ist Bewegung. Sein Ursprung ist es selbst.

Das Leben hat kein Zentrum, weil es keinen Umfang hat. Nirgendwo endet es, nirgendwo fängt es an. Es ist einfach ein spontaner Ausdruck von Lebendigkeit, der jetzt stattfindet, jetzt und jetzt, keine Spur von sich selbst hinterlässt, nichts in die Zukunft projiziert, nichts verbirgt, sondern sich selbst ganz und vollkommen gibt und sich selbst in diesem Ausdruck erschöpft, ohne einen Rückstand zu hinterlassen. Es ist alle Dinge und dennoch ist es kein Ding.

Leben – oder was wir „Leben" nennen – geht vollkommen über den Verstand hinaus. Es ist für den Verstand zu lebendig, zu total und dieser totale und vollständige Ausdruck, von dem wir in keiner Weise getrennt sind, passiert ständig. Das Leben wirft sich selbst wieder und wieder aus sich selbst heraus, um eine Illusion der Welt zu erzeugen, um uns den wunderbaren Traum eines (er)wach(t)en Lebens zu ermöglichen. Und trotzdem tut das Leben natürlich überhaupt nichts. Es gibt keine voneinander getrennten Ereignisse, Menschen, Orte und so ist niemals etwas voneinander Getrenntes getan worden. Vom Urknall an, und davor, gab es nur ein Geschehen und das geschieht jetzt. Kein Geschehnis, das von irgendeinem anderen Ereignis getrennt wäre, obwohl die Illusion überaus gut ist. Und die Illusion ist, was wir „ich" nennen.

* * *

Ich bin am Meer, nicht weit weg von Brighton Marina. Ein Sturm tobt. Der Wind holt mich fast von den Füßen. Wellen krachen in einen Steg. Das Tosen ist ohrenbetäubend. Möwen mühen sich, im Sturm zu fliegen.

Und doch ist der Wind nicht von mir getrennt. Das Meer, der Steg, die Möwen sind nicht getrennt von dem, was ich bin. Tatsächlich kann ich nicht einmal das sagen. Alles, was ich sagen kann ist, dass das Leben, Einheit, Lebendigkeit, Sein – nenne es, wie du willst – gegenwärtig als Meer, als Steg, als Wind, als Möwen und dieser Körper, wie er hier im Sturm steht, erscheint. Alles ist gegenwärtige Erscheinung, für niemanden. Es ist nur da, um es selbst zu sein, aus keinem anderen Grund. Nichts existiert getrennt davon; nichts, das jemals gewusst werden könnte. So erscheint die Quelle gerade. So spielt sich gerade der Film. Das ist der Traum und er ist total und er ist vollkommen und er braucht nichts zusätzlich. Das Leben hat bereits vollendet, was es sich vorgenommen hat.

Ich bin eins mit mir, ich bin davon getrennt, ich bin etwas, ich bin nichts, ich sehe es, es wird von niemandem gesehen. Alles nur Worte. Das Leben braucht keine weiteren Worte. Seine Worte sind die zusammenbrechenden Wellen am Strand, der

Schaum, der sich entlang der Küste bildet, die Schreie der Möwen, das ohrenbetäubende Geheule des Sturmes, der mein Trommelfell zerreißt. Die Worte des Lebens werden bereits gesprochen und es braucht niemanden, der für es spricht, besonders nicht mich. Die Worte des Lebens werden gerufen, geschrien. Sie betäuben mich. Ich werde von ihnen zunichte gemacht.

Und nicht nur hier, im Sturm, überall, immer. In den stillsten Augenblicken und in den lautesten spricht das Leben. Die lauten und die leisen Augenblicke sind beide vollkommene Ausdrucksformen. Es ist alles. Ein Geschmack, der Geschmack des Lebens selbst, sich selbst so lebend, wie es muss. „Jeff" ist nur ein Relikt aus der Vergangenheit. „Jeff" ist ein Fossil. Wer braucht die Vergangenheit? Und überhaupt, wohin ist sie gegangen? Wer bedarf der Zukunft? Sie kommt sowieso niemals. Nichts kann anfangen, das Wunder dessen zu berühren. Das Wunder des Moments, den gegenwärtigen Ausdruck des Lebens.

Wie Neugeborene sehen wir es immer zum ersten Mal. Das Meer donnert zum ersten Mal. Die Möwen schreien zum ersten Mal. Zurück in meinem Zimmer, wo es warm und gemütlich ist, nippe ich zum ersten Mal an einer Tasse Tee. Niemand könnte mir etwas anderes erzählen.

Das bedarf keiner Verteidigung. Es muss nicht bewiesen werden, darüber braucht nicht gestritten werden. Es ist seine eigene Verteidigung, es ist sein eigener Beweis. Niemand kann mit der *Istheit* streiten. Na ja, eigentlich können sie es. Und sie tun es. Und das ist das Elend eines Lebens.

Aber wenn diese Auseinandersetzung endet, ist das, *was ist,* immer genug. Mehr als genug.

* * *

Leben ist ein Angebot. Es bietet sich selbst jetzt an, jetzt und jetzt. Es bietet die gegenwärtigen Ansichten, Geräusche, Gerüche und Gefühle an und verlangt nichts von dir. Und dennoch verschwenden wir unsere Leben damit, so viel mehr zu wollen. Das ist unser Elend. In der Abwesenheit dessen, gibt es nur *das,* so wie es schon immer war. Immer nur das, was sich selbst gerade zeigt. Nur das, was gerade aus der Quelle auftaucht, nur das, was sich aus dem Unbekannten manifestiert; *du bekommst nur das und nichts mehr.*

Genau hier, ist alles erlöst. Die Last einer Lebenszeit, gegangen mit einem Blinzeln. Der „Jeff" Darsteller, der litt und litt und nach einem Weg aus dem Leiden suchte, wo ist er? Er ist einfach nicht da. Wer schreibt dann diese Worte? Du magst dich fragen, ob Jeff diese Worte schreibt? Da ist nur die Frage. Es taucht keine treffende Antwort auf und so stirbt die Frage und löst sich wieder in der Quelle auf.

Diese Befreiung, sie hat in keiner Weise etwas mit dir zu tun. Wenn du glaubst, dass „du" Befreiung erlangen kannst, jagst du für den Rest deines Lebens deinem eigenen Schatten hinterher. Du kannst Befreiung nicht erreichen, du kannst nicht erwachen, weil *das* bereits vollkommen erwacht ist. Weil es bereits ganz ist, vollständig. Nur im Traum der Trennung sieht es so aus, als ob die Suche irgendeinen Wert hätte. Aber mit dem Wegfall der Suche kommt das Wunder zum Vorschein. Und das Wunder ist das Leben selbst. Das Leben selbst ist *immer* das Wunder gewesen. Wir konnten es nur nicht sehen, weil wir zu angestrengt versucht haben, jemand zu sein, jemand zu werden, gut zu sein; wir haben zu angestrengt versucht, Erfolg zu haben, oder sogar versucht, nicht zu versuchen.

Aber im klaren Erkennen des Wunders erweist sich das alles als hinfällig. Im Sehen, dass es nur *das* gibt, in dem schockierend einfachen und einfach schockierenden Aufwachen aus dem Traum der Separation ist ein Tod, und dieser Tod ist, wie Jesus sagte, die einzige Rettung. Du musst dein Leben verlieren, um es zu gewinnen. Und wenn da niemand ist, ist da keine leere Leerheit, kein einsamer und freudloser schwarzer Raum ohne Qualitäten, nein, nein, nein. Diese Leere ist erfüllt, sie platzt vor lauter Leben. Sie ist erfüllt vom tosenden Meer und den schreienden Möwen und dem Wind, der dir um die Ohren saust und dem dampfenden Becher Tee und … *Leben, verdammt nochmal, Leben!* Die Leerheit ist Fülle, die Leere ist vollkommen lebendig, das Nichts ist Leben in all seinem Glanz – und das ist die Freiheit, die das sogenannte „Individuum" nie und nimmer finden kann.

Darin lösen sich alle Konzepte der Welt auf. Sie werden als das erkannt, was sie immer waren: Worte, einfach nur Worte. Jenseits dieser Worte begeistert mich der Schaum der zusammenbrechenden Wellen mehr als alles andere auf der Welt, und diese Möwen sind genauso kostbar wie meine eigenen Kinder, und der Wind ist einfach das Leben, das mich streichelt. Hier ist eine zerbrechliche Schönheit, die von Worten niemals berührt werden kann. Es ist eine wortlose, süß-saure, zärtliche Liebesaffäre mit dem Leben, einem Leben, das jetzt gegeben ist, großzügig, um gesehen zu werden, einfach um gesehen zu werden.

Diese Befreiung, diese Liebe, diese Zärtlichkeit, diese Unschuld wird sich niemals in Worte fassen lassen, wird sich niemals mitteilen lassen, niemals erfassen lassen und dennoch ist sie alles was ist, für immer überall erscheinend, immer überall seiend, immer nichts zurückweisend, dich umarmend – oder das, was du für dich hältst – in jedem einzelnen verfluchten Augenblick.

Das Leben selbst ist das einzige Wunder. Es gibt kein anderes. Eine außergewöhnliche Abwesenheit ist vollkommene Präsenz, nichts ist alles, und darin ist alles gelöst.

Doktrinen aufgebrochen
Zen-Lehren abgefallen
Achtzig und ein Jahr.
Der Himmel bricht und fällt
Die Erde klafft weit offen –
Im Herzen des Feuers
Liegt eine verborgene Quelle.

- Giun

SRI NISARGADATTA MAHARAJ

DIE ULTIMATIVE MEDIZIN

€ 21,90
256 Seiten
Hardcover

ISBN
978-3-941973-00-8

Rezension SPUREN / Frühjahr 2010
... Dieses erste Buch eines kleinen und feinen Verlags ist beste Medizin – geeignet für Menschen, die es wirklich wissen wollen.

MAHARAJ: Menschen, die nur Wissen wollen ... ich liebe solche Men-schen in Wirklichkeit mehr als meine eigenen Verwandten. Menschen, die die Selbsterkenntnis wertschätzen, sind mir lieber als meine eigenen Kinder.

„Dieser" *Parabrahman* – sogar das Höchste ist für Nisargadatta nichts als ein Konzept. Und er selbst versteht sich auch nur als Phänomen. – Er sagt: „Das, was ich wirklich bin, liegt jenseits von allem. Es lässt sich weder begreifen noch verstehen ..."
Das, was der ständigen Veränderung unterliegt, kann nicht die Wirklich-keit *sein*. Der Kampf des Verstandes ist somit immer ein Kampf gegen *die* Unwirklichkeit, die ihm gerade wirklich zu sein scheint. Für denjenigen, der das erkennt, wird es einfach, Nisargadatta zu folgen.
Hinter seiner gradlinigen, unpersönlichen und oft schroffen Art, ver-birgt sich die Sehnsucht, das Leiden derer, die an die Welt glauben, zu beenden. Die Tiefe seines Mitgefühls ist gerade deshalb unermesslich, weil er sich selbst auf den Grund geschaut und durchdrungen hat, dass da niemand ist, der an die leidvolle Einbildung des eigenen Geborenseins glauben kann.

NOUMENON
•

DANIEL HERBST

AUS DEM EINEN
BY ITSELF

€ 17,90
190 Seiten
Hardcover

ISBN
978-3-941973-04-6

Manche suchen Dualität,
andere Einheit.
Beide wissen nichts von der Wahrheit,
die zu allen Zeiten und überall gleich ist.
Die Wahrheit wird weder von der Dualität
noch von der Nichtdualität berührt.

[Avadhuta Gita]

Von selbst – by it self –
sich selbst autorisierend.
Das trifft es genau!
Keine fremde Autorität. Selbstermächtigung!
So arbeitet das Bewusstsein.
Ein Kind krabbelt, ein Hund bellt, du denkst – by it self,
von selbst.
Dafür braucht es niemanden.
Es passiert, um sich selbst zu erkennen.

NOUMENON

H.W.L. POONJA ~ PAPAJI

DER GESANG DES SEINS

Noch vor allen Anfängen
bist du Bewusstsein.
Du bist die Fülle der Liebe
und die Leere des puren, bewussten
Seins.
Du bist die Existenz an sich,
ein Friede noch jenseits vom
Friedlichsein.
Du bist der Hintergrund,
auf den alle Lichtspiele projiziert
werden,
das Licht der Erkenntnis,
das *Eine* Untrennbare …

ISBN 978-3-941973-02-2 / 288 Seiten / Hardcover / € 19,90

U.G. KRISHNAMURTI

MYTHOS MIND
MÄRCHENHAFTER VERSTAND

**Beunruhigende Gespräche
mit einem beunruhigenden
Menschen.**

Alles, wofür Sie stehen, woran Sie
glauben, was Sie erfahren und
anstreben, ist das Ergebnis des
Denkens. Und das Denken ist
deshalb destruktiv, weil es nichts
weiter als ein Schutzmechanismus
ist, der darauf programmiert ist,
mit allen Mitteln seine eigenen
Interessen zu schützen.

ISBN 978-3-941973-01-5 / 190 Seiten / Hardcover / € 18,90

NOUMENON

Jeff Fosters Webseite:
www.lifewithoutacentre.com

www.noumenon-verlag.de

www.jetzt-tv.de

www.daniel-herbst.de